Louis-Sébastien Mercier

**Der Schubkarrn des Essighändlers**

Ein Lustspiel in drei Aufzügen

Louis-Sébastien Mercier

**Der Schubkarrn des Essighändlers**
*Ein Lustspiel in drei Aufzügen*

ISBN/EAN: 9783743411913

Hergestellt in Europa, USA, Kanada, Australien, Japan

Cover: Foto ©Thomas Meinert / pixelio.de

Manufactured and distributed by brebook publishing software (www.brebook.com)

Louis-Sébastien Mercier

**Der Schubkarrn des Essighändlers**

XVI

# Der Schubkarrn des Essighändlers.

Ein

## Lustspiel

in drey Aufzügen.

Aus dem Französischen des Herrn Mercier.

Aufgeführt
auf
dem Churfürstl. Theater zu München.

Mit Genehmhaltung
des Churfürstl. Büchercensurcollegiums.

## Personen.

Herr Delomer, ein Kaufmann.

Mamsell Delomer.

Herr Jullefort, Bräutigam der Mamsell Delomer.

Dominik Vater, ein Essighändler.

Dominik Sohn.

Herr Saphir, Juwelierer.

Bediente.

---

Die Handlung geht zu Paris im Hause des Herrn Delomer vor.

# Erster Aufzug.

## Erster Auftritt.
### Herr Jüllefort. Herr Saphir.

(Herr Jüllefort tritt ein, da eben Herr Saphir ausgehen will; sie begegnen sich in der Mitte der Bühne, und erkennen einander nicht eher, als bis sie sich gegrüßt haben.)

**Herr Jüllefort.**
Aha! sind sie es, Herr Saphir?

Saphir. Ihr gehorsamster Diener! — Welch ein Glück für mich, sie anzutreffen. Ich bin immer ganz zu ihren Diensten. Ich habe ihnen unendlich viele Verbindlichkeiten — und meine Erkenntlichkeit —

Jüllefort. Sie sehen aus wie ein Rubin — Mein lieber Herr Saphir! Wie geht's denn ihrer Frau, ihren Kindern, wie stehts mit ihrem Handel?

Saphir. Der Brillantenhandel gieng nicht übel, wenn man nur bezahlt würde — und sie, apropos, noch nicht verheyrathet? Ich warte schon lange drauf; denn ich hoffe wohl, daß kein ande-

anderer die Ehre haben wird, sie zu bedienen — Ich habe die schönen Girandollen noch immer aufbewahrt, die sie für jene Wittwe bestellt hatten.

Jüllefort (sieht sich um, verlegen.) Stille, stille! reden sie sachte!

Saphir. Warum denn?

Jüllefort. Man soll es hier nicht wissen, daß mir diese Heyrath fehlgeschlagen — Sagen sie mir nur, kennen sie dieses Haus gut?

Saphir. Ob ichs kenne! mein leiblicher Vater hatte die Ehre, der seligen Frau Delomer an ihrem Hochzeitstage die Ohrenlöcher zu stechen. Seitdem bedienten wir immer dieses Haus, ich kenne es, wie mein eigenes: ich bin hier recht gut angeschrieben. Fragen sie nur den Herrn Delomer, wie wir miteinander stehen?

Jüllefort. Wenn ich aber sie fragte, was er für ein Mann ist. (mit gedämpfter Stimme) Sagen sie mir, als ein guter Freund, ist er niemal in Verlegenheit, bezahlt er richtig? begehrt er nicht zuweilen Nachsicht? Prolongation?

Saphir. Ey was! Er nimmt nie auf Kredit. Wenn ich auch sage: nach ihrer Gelegenheit, Herr Delomer! nach ihrem Belieben, ein andermal. Nichts: Zug für Zug, Geld für Waare. Seine Wechsel sind wie baares Geld. Ich sage ihnen: wenn ich all mein Vermögen bey diesem Manne hätte, ich wollte eben so ruhig schlafen, als wenns beym König wäre.

Jüllefort. Auf diese Art steht er wohl recht gut?

Saphir. Und wie! Er treibt einen schönen, großen Handel; da geht Geld ein! sie sollten es nur sehn. — Es giebt gar keine Kaufleute wie er. Von allen vier Welttheilen kommen ihm Waaren zu. Unsrer sechs Juwelierer arbeiten stets für seine Bestellungen, und doch können wir nicht genug fertig bringen.

Jüllefort. So viel ich sehen konnte, haben sie ihm itzt goldene Dosen abgeliefert.

Saphir. Ja, Dosen über Dosen; sie werden nach Petersburg verschickt; da wird noch gut bezahlt. — Ich habe auch einen kleinen Ring für die Mamsell mitgebracht. Man gab mir den Brillant dazu, schön, hell, rein; so eben hab ich ihr den Ring an den Finger gesteckt; was das Mädchen für eine schöne Hand hat.

Jüllefort. Und ihr Kopf, was sagen sie von dem?

Saphir. Ey! artig! wahrhaftig sehr artig!

Jüllefort. Nicht gar zu sehr; doch, wie sie auch ist, so glaube ich, daß ich mehr und mehr in sie verliebt werde; besonders, da sie mir von den guten Umständen des Vaters reden, das rührt mich. — Es ist doch gewiß, daß Herr Delomer recht reich ist? — Warum sollten sie mich auch hintergehen, sie haben ja keinen Vortheil dabey.

Saphir. So ists. Und wenn sie mir nicht glauben, so fragen sie die ganze Welt. Er hat Correspondenzen bis — bis ans Eismeer.

Jüllefort. Es ist wahr, sein Name hat Kredit in der Welt — Ich muß die Sache richtig machen — Er hat einen sehr ausgebreiteten Handel, sagen sie? seine Tochter ist seine einzige

Erbinn. Wahrhaftig, das Mädchen ist anbethungswürdig. Es ist richtig, ich liebe sie.

Saphir. Aber sie haben so vielerley Amouren; wie Teufel machen sie denn das?

Jüllefort. Nicht so laut, sag ich ihnen — Sie sind so unvorsichtig —

Saphir. Es ist ja kein Mensch da — (sehr leise) Ich glaubte, sie hätten der alten Jungfer wegen mit der Wittwe gebrochen. Ist denn das noch nicht gegangen? Es war doch nicht das Geld, was ihr fehlte — Warum haben sie denn ihren Anschlag nicht ausgeführt?

Jüllefort. Wissen sie denn nicht, daß ihre Aeltern sie, unter dem Vorwand, sie sey verrückt, plötzlich haben einsperren lassen? Sie hatte doch nur sechs und sechzig Jährchen: man hat mir da einen verdammten Streich gespielt; das ist ein unersetzlicher Verlust für mich. Man weis nicht, mein lieber Herr Saphir, man weis nicht, wie weit die Sache schon gekommen war. Dießmal wollte ich mich im Ernste verheyrathen. Ich hätte mich auch darum geschlagen; aber wie ein Donnerstreich kam ein Verboth, und ich mußte die Beute fahren lassen.

Saphir. In der That, sie sind unglücklich. — Das ich allein weis, waren sie schon zehnmal drauf und dran, ziemlich gute Partien zu machen; umsonst; wenn es zur Unterschrift des Kontrakts kam, so war alles nichts.

Jüllefort. Was war aber da zu machen? Ich bin kein Dummkopf; ein Mann meines gleichen
soll

soll sich wie ein Narr verheyrathen! Waßrhaftig, wenn man nicht auf seiner Hut wäre, ein dummer Handel wäre bald geschlossen. Der eine will seine Tochter listig verheyrathen; sie ist gut gekleidet, prächtig, man lobt sie mir, man macht einen Lärm, als wäre sie ganz von Gold, ich stelle mich verliebt, außerordentlich zärtlich; und wenn wir zur Hauptsache schreiten, ist kein Geld mehr da. Da kömmt man mit alten Obligationen hervor, die bis auf die Hälfte reducirt sind, die will man mir anhängen. Das ist denn ein Heyrathsgut, das in weit hinausgesetzten Terminen bezahlt werden soll, ja soll, heißt es, und ist also weiter nichts, als ein Keim zu Processen mit dem Schwiegervater. Das ist eine Ausstaffirung, die tausendmal höher angeschlagen wird, als man sie bey dem härtesten Juden auf zehn Jahre borgen könnte; auf diese Art erlöscht meine Liebe wider meinen Willen. Die Liebe nährt sich auch nicht vom Nebel; in eine Haushaltung gehören Wirklichkeiten.

Saphir. Es ist wahr, heut zu Tage gleichet der Reichthum eines Mädchens so ziemlich ihrem Karakter: alles ist nur Muthmaßung; durch vergoldete Versprechen wird man angelockt, und da läßt man sich auch gleich erwischen. Die Weiber sind dem ohngeachtet nicht weniger verschwenderisch; sehen sie nur auf unsere Bürgersweiber, die setzen sich auf so einen Fuß, und geben sich so ein Ansehen — so einen Ton — Meiner Seele! man kann's nicht mehr aushalten. Man muß stehlen oder bankrott machen.

Jüllefort (gleichsam als fiel es ihm ein; lächelnd.) Einmal — schon vor einiger Zeit — wäre ich beynahe erwischt worden. Ich war eben im Begriffe, den Heyrathskontrakt zu unterschreiben, in der Gewißheit, ein Mädchen zu bekommen, die das einzige Kind wäre. Sie war ziemlich reich. Ihre Mutter hatte vier und vierzig volle Jahre, und seit 17 Jahren kein Kind mehr gehabt. Das schien nun keine weitere Nachkommenschaft zu versprechen. Glücklicher Weise für mich, der ich an alles denke, sah ich sie an einem Abend aufmerksam an; aufeinmal kam mir der Verdacht — rathen sie — das war eine plötzliche Erleuchtung, ein wahrer Zug eines großen Geistes! — Ganz klug erfand ich einen Vorwand, die Hochzeit aufzuschieben, und das hatte ich gewiß gut gemacht, denn zwey Monathe hernach war kein Zweifel mehr. Ein zweytes Kind kam tückischer Weise, mir die Hälfte meines Vermögens zu entziehen. Jeder andrer, nur ich nicht, wär in diesem Fallstricke hängen geblieben. Gestehen sie mir — Wer Teufels hätte gedacht? — Was hätte das für einen großen Unterschied gemacht! auf einen Streich um die Hälfte weniger! — Seit der Zeit, wenn man von einer Tochter spricht, erkundige ich mich gleich um die Mutter, und wenn diese nicht gute 55 Jahre auf dem Rücken hat, gehe ich weiter.

Saphir. Hier haben sie so etwas nicht zu befürchten. Die arme Frau Delomer ist seit 12 Jahren begraben — Ich bin mit ihrer Leiche gegangen —

Jülle-

Jüllefort. Ganz recht! — Sie haben doch gesehen, daß alles richtig unter Petschaft gelegt worden? daß nichts weggekommen?

Saphir. Ey! Herr Delomer ist ein Mann von bekannter Rechtschaffenheit!

Jüllefort. Seine Tochter ist doch ganz gewiß seine einzige Tochter?

Saphir. Ich versichere sie: ganz gewiß!

Jüllefort. Gut! — Es ist nur deswegen, weil öfters an einem frühen Morgen Brüder aus Amerika, oder Schwestern aus den Klöstern zurückkommen, von denen vorher nichts gemeldet worden. Ich habe Erfahrung. — Von der Seite wäre ich nun so ziemlich sicher. — Itzt sagen sie mir nur, — sie, der sie Herrn Delomern schon lange kennen, und wissen, daß er immer ordentlich war, haben sie keinen Verdacht auf ihn, ob er nicht eine kleine Herzensangelegenheit irgendwo in der Stadt, oder gar in einer Vorstadt — oder ob er nicht allenfalls eine alte Bekanntschaft? —

Saphir. Was wollen sie damit sagen?

Jüllefort. Ich will sagen, ob ich nicht zu befürchten habe, daß ihm die Narrheit ankäm, sich wieder zu verheyrathen, wie es gewisse Alte machen, die Lust dazu bekommen, wenn sie sehen, wie ihre Kinder — sie verstehen mich doch?

Saphir. Darüber seyn sie ohne Sorge. Er wird sich nie wieder verheyrathen; dazu liebt er seine Tochter zu sehr. Ich bin sicher, er wünschte sich viermal reicher zu seyn, um der Freude wegen, seiner Tochter mehr zu hinterlassen.

Jüllefort (freudig.) Sie haben recht; das ist ein liebenswürdiges Mädchen, ein unvergleichliches Mädchen! — Sie entzücken mich — Ah! Nun dann: sie wissen nicht, daß ich sie zum närrisch werden liebe — Ja, ich sehe es, sie muß meine Frau werden — keine Mutter, keinen Bruder! — Halten sie sich bereit, Herr Saphir! dießmal werden sie ihre Girandollen los.

Saphir. Kann ich mich darauf verlassen?

Jüllefort. Sie verliehren nichts dabey, sag ich ihnen, die Geschenke zum Versprechen bereit zu halten. Von diesem Augenblicke an werde ich den Vater antreiben, alles richtig zu machen.

Saphir. Aber, ohne fürwitzig zu seyn, sind sie denn im Hause gut angeschrieben?

Jüllefort. Sehr gut. Eine Person von hohem Range hat mich hier aufgeführt, und ich habe mich von Leuten anempfehlen lassen, die großes Vermögen haben, folglich —

Saphir. Unvergleichlich! — Aber glauben sie auch, daß sie bey der Mamsell gern gesehen sind?

Jüllefort. Ja! — ja! wenn's auf's Heyrathen ankömmt, ist man bey Mädchen immer gern gesehen. Wir werden Zeit genug haben, uns kennen zu lernen und uns hernach zu lieben; darüber bin ich unbekümmert. Der Vater ist ganz närrisch auf mich, seine Handlung steht gut; das wird alles vortrefflich gehen, und ich weis schon, wohin ich das Vermögen verwenden — (lebhaft) bringen sie mir in einer Stunde die Brillanten,

einen

einen Schmuck; heute, heute noch muß alles richtig werden.

Saphir. Ich empfehle mich ihnen und ihren Freunden auf allezeit. Sie sollen richtig bedient werden, wie sie befehlen. Mir scheinet, ich höre Herrn Delomer. Gehorsamster, ganz ergebenster Knecht und Diener. (geht ab.)

## Zweyter Auftritt.
### Herr Jüllefort allein.

Man hatte mir freylich alles schon vorher berichtet, was er mir da gesagt hat; aber es ist allezeit gut nachzuforschen. Von den geringsten Leuten erfährt man öfters Sachen, die man am geheimsten halten will, und die Leute im Hause wissen öfters am wenigsten. Die Nachricht des Juwelierers hat mir eine rechte Freude gemacht. Es ist in der That sehr angenehm, die Schätze rühmen zu hören, die wir erhalten sollen — Was doch ein Kontrakt für eine gut ausgesonnene Sache ist! Mit einem Federzug, da! ohne Unkosten bekömmt man Häuser, Geld und fürstliches Hausgeräthe. Zwar auch eine Frau. Aber man hat mit ihr alle Gemächlichkeit, ein gutes Auskommen. Man setzet seinen Aufwand fest; und über dieses ist man Herr über die Güter — Unsre Vorältern waren keine Dummköpfe. — Das ist eine Partie, so, wie ich sie mir wünsche — Wenn mir der Vater auch nur zweymal hundert tausend Livres baar gäbe, weil das übrige sicher steht, er ist nicht mehr jung, es

käme

käme auf ein wenig Geduld an. — Aber zuweilen sieht er noch recht frisch aus!

### Dritter Auftritt.
#### Herr Jüllefort. Herr Delomer.

(Herr Delomer erscheint im Grunde des Theaters mit einem Träger, welcher einen leeren Reißsack auf der Schulter hat; jener giebt diesem mit Nachdenken verschiedene Papiere.)

Delomer. Hier nehmt; und macht eure Gänge, wie ich euch sagte. (der Träger will gehen; Herr Delomer tritt hervor, ruft aber gleich den Träger zurück.) He! Bonaventur! hört! Geht zuerst ins Komptoir. Vieleicht hat Dominik euch was mitzugeben. (der Träger geht ab, Herr Delomer sieht Herrn Jüllefort) Ah! sind sie da? Wie haben sie die Nacht geschlafen?

Jüllefort. Auf das allerbeste; und sie?

Delomer. Sehr unruhig! Als ich gestern Abends sie verließ, schloß ich mich in mein Cabinet; und wenn ich schon einmal so spät arbeite, spüre ich es die ganze Nacht; ich thue kein Auge zu, und baue, wie man zu sagen pflegt, Schlösser in die Luft.

Jüllefort. Solche Nächte sind oft besser, als die angenehmsten Tage, nicht wahr? besonders, wenn man nach seiner Gemächlichkeit, bey der nächtlichen Stille und Ruhe, eine gute, wohlüberdachte, richtige Speculation macht, die einige Zeit darauf nach Wunsch ausschlägt — Man bedauert dann die schlaflose Nacht nicht mehr.

Delomer. Ich hatte noch nicht Ursache über das Glück zu klagen, bis itzt war es mir ziemlich günstig; und ich gestehe es ihnen, sobald mir noch gewisse Gelder eingegangen sind, die nicht lange mehr ausbleiben können, und wenn meine Tochter einmal wird versorgt seyn, gebe ich alles auf, und setze mich in Ruhe.

Jüllefort. Das sollen sie, es ist billig; aber doch so, daß sie ihre Gelder auf Zinsen austhun, nicht wahr? Ja, das unterhält, zerstreut, ermuntert. Sie haben eine kleine Beschäfftigung. Uebrigens wegen ihrer Tochter, kömmt es ja nur auf sie an, dieselbe zu versorgen; sie wissen bereits meine Absichten — Mein einziges Verlangen ist, sie so geschwind als möglich zu erhalten.

Delomer. Das weis ich. Man hat mir deswegen noch gestern von ihnen sehr dringend gesprochen, sie haben sehr eifrige Freunde; auch ist dieses ein Theil von dem, was ich diese Nacht erwog: seitdem ich ihnen mit so unterscheidender Art den Zutritt in mein Haus gestattet, muß meine Tochter sich wohl vorstellen, sie zum Manne zu bekommen — Zudem, die Art, mit welcher wir in ihrer Gegenwart sprachen. —

Jüllefort. Ich glaube, es kömmt auf weiter nichts an, als den Tag zu bestimmen, der mein Glück befestigen soll.

Delomer. Wir wollen gleich die Stunde zu Schließung des Kontrakts bestimmen. Ihr Notarius hat mir von einer kleinen Formul gemeldet, die sie dem Verzeichniß ihres Vermögens angehängt haben.

Jülle-

Jüllefort (gleißnerisch.) Aber ich habe ihm nichts davon gesagt.

Delomer. Gesagt, oder nicht gesagt, das beleidigt mich nicht. Es ist billig, daß jeder seine Bedingnisse mache. — Ein schönes Mädchen hat immer Anbether, aber nur mit einem Heyrathsaute wird sie Frau.

Jüllefort. O! ich will keine Gesetze vorschreiben; ich will nur eine gewisse Ordnung beobachten, um mich gegen unnöthige Streitigkeiten sicher zu stellen. Solche Streitigkeiten — sie wissen, man kann einen Kontrakt nicht fest genug machen; es ist nicht allein für die ganze Lebenszeit, sondern auch für Kinder, Enkeln und Urenkeln. Sie wissen wohl, ich muß eine Haushaltung führen, und damit sie nicht gewissen unangenehmen Einschränkungen ausgesetzt sey, welche das Vergnügen, gut miteinander zu leben, stören —

Delomer. Ich sag es ihnen noch einmal, keiner von ihren Punkten hat mich beleidigt: ich habe nur einen, den ich den ihrigen entgegensetzen will. Aber auf dem beharre ich fest. Nur unter dieser Bedingniß gebe ich meine Tochter her, und ich bin schon im voraus versichert, daß sie diese eingehen werden.

Jüllefort (unruhig.) Sie sind versichert! — Sie kennen mich schon — Allein ist diese Bedingniß von großer Wichtigkeit?

Delomer. Von der größten; auch ist es nur die einzige. Sie müssen mir ihr Ehrenwort geben, sie auf das genaueste zu erfüllen.

Jülle=

**Jüllefort** (verlegen.) Was ist also wohl diese Bedingniß?

**Delomer.** Es ist die, daß sie meine Tochter lebenslänglich, glücklich, recht glücklich, ja zur glücklichsten unter allen Frauen machen sollen. Verstehen sie mich?

**Jüllefort.** Nur das? Ah! rechnen sie auf mich, sie werden doch daran nicht zweifeln?

**Delomer.** Man lernt den Liebhaber erst nach der Heyrath kennen. Ein Mensch, der sich um ein Mädchen bewirbt, verstellt sich allezeit, und jeder nimmt eine Larve vor, die er bald hernach ablegt. Ich setze sie nicht in diese Klasse; es ist nur eine Anmerkung im Vorbeygehen. Man hat mir so viel Gutes von ihnen gesagt, und sie selbst sind zu ihrem Vortheile so einnehmend, daß ich meinen Schluß gefaßt habe: Ich will meine Tochter versorgt sehen, sie hat das Alter dazu, und keine Mutter mehr. Ich bin keine Gesellschaft für sie, und sie muß welche haben. Sie sagen, sie lieben sie, ich glaube es, weil sie sie so dringend begehren — hiermit ist alles gesagt. Freylich wird sie sich ein wenig vor dieser Verbindung entsetzen. Es kömmt den Mädchen allezeit schwer an, den Stand zu verändern. Sie müssen sich also bemühen, ihr Herz einzunehmen; es ist neu und empfindungsvoll; sie werden es nach ihrem Gefallen bilden. Erst vor 2 Jahren kam sie aus dem Kloster, und ich habe noch keine andere Anwerbung, als die ihrige, angenommen.

**Jüllefort.** Ich schmeichle mir auch, daß sie
keinen

keinen wahrhaftern Freund, keinen aufrichtigern Liebhaber würden gefunden haben —

Delomer. Wenn sie meine Tochter haben, werden die Reize derselben sie nicht zurückhalten, ihre Augen auf das zu wenden, was ich ihr mitgebe.

Jüllefort. Ach! was reden sie da? Dieses alles wird sich im Aufsatze des Notars schon finden.

Delomer. Hören sie, das dieses alles ist der Gebrauch. Reden wir offenherzig. Man mag sich auch noch so zieren; das Herz hüpft für Freude, wenn die Schönheit vom Reichthum begleitet wird. Ich will damit eben nicht sagen, daß sie sich um meine Tochter blos ihres Vermögens wegen bewürben. Ich glaube im Gegentheil, ihre Liebe sey so stark, daß sie dieselbe heyrathen würden, wenn ich ihr auch nur sehr wenig mitgeben könnte.

Jüllefort (für sich, sehr verlegen.) Wo will das hinaus? Ich steh auf Dörner. (laut) Sie haben wohl recht, und wenn es nicht die vielen Bedürfnisse, die täglich veränderten Moden, ich meyne eine tyrannische Pracht, ein gewisser Aufwand — Aber das geht sie so gut an, als mich.

Delomer. Beunruhigen sie sich deswegen gar nicht; sie ist mein einziges Kind, und ich will ihr ein ehrliches Auskommen verschaffen. Ich werde es nicht so genau nehmen, und sie sollen zufrieden seyn. Hören sie! ich will ihnen sagen, was ich thun will, es ist alles, was ich itzt kann. —

Jülle-

Jüllefort (aufmerksam und verstellt.) Ich werde sie wohl hören müssen, weil sie es befehlen.

Delomer. Wenn sie sich aber auf dergleichen Geschäffte nicht recht verstehen, wollen wir die Sache bey unserm Advokaten ausmachen; er ist unpartheyisch.

Jüllefort. Weil wir einmal daran sind, will ich ihre Meynung hören. Es ist wahr, ich bin nicht geschickt genug, mich in alles genau einzulassen; die Clauseln und Formeln bey solchen Einrichtungen sind mir ganz unbekannt.

Delomer. Auf diese Art, wenn es ihnen lieber ist, will ich es meinem Notar überlassen; er wird es mit dem ihrigen ausmachen. Der Aufsatz wird klarer werden, und sie können mit einem Blick übersehen —

Jüllefort. Ich wollte dennoch lieber aus ihrem Munde das Zeugniß ihrer väterlichen Wohlthaten hören — ihre edle, erhabene, großmüthige Seele —

Delomer. Gegen seine Kinder ist man nicht großmüthig, man ist nur billig. Mein Vorhaben war immer, das Glück meiner Tochter und auch meines Schwiegersohns auf einen guten Fuß zu setzen. Ich gebe ihnen das beste in der Welt, baares Geld. Nichts ist gemächlicher: damit macht man alles, was man will: man lehnt es aus, man legt es an, man wartet Gelegenheiten ab, man kauft ein Landgut, eine Bedienung, und was weis ich alles? Damit legt man alle Hindernisse bey, und verdoppelt auch öfters sein Einkommen.

Jülle-

Jüllefort (emphatisch.) Ey ja! gewiß, gewiß — recht gut gedacht!

Delomer. Sie werden sich darüber mit einander berathschlagen, was ihnen angenehmer seyn wird. Ich laß euch machen, was ihr wollet. Es ist so meine Regel, man führt nichts besser aus, als was man frey und nach seinem eigenen Gutdünken machet.

Jüllefort. Sie reden immer so gründlich, so vernünftig, daß ich nicht müde werde, sie zu bewundern; wahrhaftig, ich werde mir eine besondere Ehre draus machen, sie in allem um Rath zu fragen.

Delomer. Im geringsten nicht, sag ich ihnen. Sie sollen alles nach ihrem Kopfe thun. Den Tag vor der Hochzeit werden sie das Geld bekommen, das übrige ist ihre Sorge: ich werde mich um nichts mehr bekümmern — sie können durchaus thun, was sie wollen.

## Vierter Auftritt.

Herr Jüllefort. Herr Delomer. Dominik, Vater, mit einem Kleide von grobem Tuch, und einem großen Hut.

Dominik V. (unterbricht Herrn Delomer.) Guten Tag! Herr Delomer!

Jüllefort (beyseite.) Hol dich der Teufel!

Dominik V. Werden sie es dem Dominik ihrem alten Diener erlauben, ihnen itzt seine Aufwartung zu machen?

Delo-

Delomer. Guten Tag, Dominik! guten Tag! — Wie frisch ihr allezeit aussseht!

Jullefort (vor sich.) Die Pest! Wir waren eben am Hauptpunkte.

Dominik V. Komme ich vielleicht ungelegen? so geh ich wieder —

Delomer. Nein: wir sind schon fertig; ihr seyd eine alte Bekanntschaft, ein würdiger Mann, den ich allezeit mit größtem Vergnügen sehe, und sehen werde. — Wir werden gleich richtig seyn, mein lieber Jullefort! Ich habe ihnen noch nicht alles gesagt; es fällt mir etwas bey, das mit der dritten Person abgethan werden muß. Gehn sie da hinein; sagen sie ihr einen guten Morgen, und scherzen sie ein bischen: sie hat eine gute Freundinn aus der Nachbarschaft bey sich.

Jullefort (kalt.) Wenn sie erlauben —

Delomer. Ob ichs erlaube! Man sehe doch! das versteht sich von selbst.

(Jullefort geht in eine Nebenkammer.)

## Fünfter Auftritt.

Herr Delomer. Dominik, Vater.

Delomer. Nu! alter Dominik! was giebts? Es ist mir lieb, euch so wohl zu sehen: was bringt ihr mir Gutes?

Dominik V. Ich bringe ihnen wie gewöhnlich, die kleine Jahrsrechnung: diesen Morgen bin ich ein wenig herumgegangen.

Delomer. Wenn es aber mir einfiele, euch kein Geld zu geben?

**Dominik V.** So würden sie's machen, wie viele andre; denn man bezahlt itzt nicht mehr.

**Delomer.** Wie! Habt ihr viele Schuldner, ihr?

**Dominik V.** Wahrhaftig, es sind kaum 5 oder 6 von meinen ältesten Kundschaften, die, ohne die Gesichter zu verzerren, zahlen, wenn ich mein Geld fodre: die übrigen, groß oder klein, nehmen die Waaren; und wenn ich mit der Rechnung komme — da sehen sie nur! Was da für Lücken sind!

**Delomer** (zuckt die Schulter.) Wie kann man doch bey einem Essighändler borgen! Das ist zu arg. (er bezahlt ihn.)

**Dominik V.** Darüber wundern sie sich? Eh! eh! wenn ich ihnen nur mehr borgen wollte, die mehresten und die vornehmsten würden mich küssen, und ihren guten Freund nennen.

**Delomer.** Der Himmel behüte euch vor solchen Freunden — Ich wünschte euch ein ganz anderes Gewerbe, mein lieber Dominik! Ihr seyd ein so ehrlicher Mann.

**Dominik V.** Ein anderes Gewerbe? und warum? schon 45 Jahre ernähre ich mich so, und es reut mich nicht. Ob ich so mein Brod verdiene, oder auf eine andere Art! Wenn ich nur als ein ehrlicher Mann lebe, was liegt daran, wie ich lebe? Wenn ich so meinen Karn fortschiebe, begegnen mir Leute, die nicht so zufrieden sind, als ich. Was brauch ich vier Räder, wenn ich mit einem mein Leben fortkarre. Mein Vater war ein armer Weingärtner, der

sein

sein ganzes Leben hindurch arbeitete, und doch nur sauern Wein trank. Ich komme mit meinem Essigverkauf besser zurecht. Ich mache dessen verschiedene Gattungen, so wie auch den Senf: und Gott sey Dank! Ich will mich weiter nicht rühmen, aber meine Waaren gehen reissend weg.

Delomer. Ich schätze euch sehr hoch, besonders in Rücksicht der Erziehung, welche ihr eurem Sohne gegeben — Der junge Mensch verspricht viel.

Dominiko. Ich kam auch, um mit ihnen davon zu plaudern. — Sie sind also wirklich mit ihm zufrieden?

Delomer. Ja wirklich, recht zufrieden. Ich überlasse ihm einen großen Theil der Geschäffte; es geht ihm alles so geschwind, und so klug von der Hand. Er hat Talente, euer Sohn; und sein Thun und Lassen gefällt jedermann.

Dominiko. Was sie mir da sagen, macht mir gutes Blut, und verlängert mein Leben um 30 Jahre: er ist das einzige Kind, das ich gehabt habe; er ist itzt meine ganze Freude und Trost auf der Welt. Seitdem ich lebe, hatte ich kein anders Vergnügen, als den tröstlichen Gedanken, einmal zu sehen, daß er sich gut anließ, und ein braver Kerl würde: er ist es; ich bin glücklich. Ich habe mich nur deswegen verheyrathet, um einen guten Bürger zu zeugen. Nach meinen Kräften wandt' ich alle Sorgfalt auf seine Erziehung, und brach's mir am Maul ab, um ihm nichts abgehen zu lassen. Es will nicht viel sagen, einem das Leben geben, wenn man

man nicht die Versicherung seines Glückes hinzusetzet. Es ist eine süße Pflicht, die ihren Lohn mit sich führt. Ich hätte gern das aus ihm gemacht, was ich bin: aber es geräth den Kindern nicht so, wie dem Vater, sie verderben die Sache gemeiniglich gerne; und zudem wollen sie auch immer etwas bessers werden.

*Delomer.* Das ist der Denkensart der Menschen gemäß, sie wollen immer höher.

*Dominik V.* Deswegen sind sie doch nicht glücklicher; aber was schadet es? sie glauben es zu seyn. Jeder muß seinem eigenen Trieb folgen, und freyen Willen haben, das ist so mein Grundsatz. — Sie glauben also, er wird so gut fortkommen?

*Delomer.* In dem Augenblicke, als ich ihn sah, war ich dessen fast versichert. Die Redlichkeit giebt dem Gesicht ein gewisses offenes Wesen, das bey dem ersten Anblick gefällt, und einnimmt; und ein solches Gesicht ist bey eurer Familie erblich. Mit seinem blauen Kleide und gestutzten Haaren sah er damals völlig wie ein Engländer aus. Ich habe mich in der That nicht wenig drüber verwundert, an eurem Sohne einen Menschen zu sehen, der so viel Weltkenntniß hat.

*Dominik V.* Itzt ist es im dritten Jahre, daß ich ihn aus der Fremde zurückrief, wohin ich ihn frühzeitig reisen ließ. Hab' ich das nicht gut gemacht? ich hatte einen Anverwandten, einen Präfekt im Collegio, von dem man sagte, daß er gelehrt sey, und bey dem ich nicht einmal Menschenverstand fand; der sagte mir allezeit in einem rauhen und hochmüthigen Tone: ohne Latein wird euer Sohn nie zu etwas kommen. Der Hagel! Herr Vetter! antwortete ich, sie mögen sagen, was sie wollen, in keinem einzigen Hause des Königreichs redet man itzt mehr latein. Wenn mein Sohn eine andre Sprache, als die seinige nöthig hat, wär es ihm nützlich, englisch oder deutsch zu können; so fänd er doch Leute, die ihm antworten könnten — Schon in seinem zwölften Jahre schickte ich ihn in diese Länder. Er war bey braven Leuten, die ihn zur Handlung anhielten, und die noch über das viel von meinem Essig kaufen.

Delomer. Ihr habt recht wohl gethan. Die Reisen bilden ganz anders, als die Collegien. Man weis oft nicht, was man mit den guten Lateinern machen soll: sie wissen nichts, als unnützes Zeug, und glauben doch alles zu wissen; sie sind alles, und sind doch nichts; euer Sohn hilft mir viel; wie der Blitz hat er euch einen englischen oder deutschen Brief übersetzt; ich laß ihn oft die Antwort machen, und er macht sie recht gut. Ich versichere euch, er ist mir sehr nützlich, und itzt versieht er fast meine ganze Correspondenz.

Dominik V. (ein wenig bestürzt.) Ihre ganze Correspondenz! — Der Teufel! das macht mich unruhig.

Delomer. Warum? — Ihr antwortet nicht — Redet! ihr steht an?

Dominik V. (lebhaft.) Weil ich ihnen itzt nicht

nicht mehr sagen darf, daß ich ihn von Paris wegschicken wollte.

Delomer. Ihr wollt ihn wegschicken! und wohin?

Dominik V. Die Wahrheit zu gestehen, ich weis es selbst nicht. Aber der Junge hat sich, seitdem er aus der Fremde gekommen, merklich geändert, und er ist doch nicht krank. Was mag ihm fehlen? Als er ankam — sie wissens so gut, als ich, sah er so frisch und gesund aus; es war eine Freude, ihn anzusehen; er hatte Fleisch auf den Knochen, Augen voller Feuer, und eine Farbe wie frische Rosen — Itzt — betrachten sie ihn nur einmal recht — sind seine Backen blaß und mager, seine Augen eingefallen und todt: neulich haben wir miteinander zu Mittag gegessen; er beißt nicht mehr drein —

Delomer. Es würde mir sehr leid thun, ihn zu verliehren; und wahrhaftig, ich würde seine Person eben so, wie seine Talente ungerne vermissen. — Da kömmt er eben. Ich will ihn ein wenig ausfragen — Vieleicht ist er gegen mich offenherziger.

Dominik V. Ja, ja! fragen sie ihn aus — Wir wollen doch sehen, was er auf dem Herzen hat.

## Sechster Auftritt.

Herr Delomer. Dominik, Vater. Dominik, Sohn.

Dominik S. (lauft im Hereingehen auf seinen Vater zu.) Mein Vater! Ah! ich wußte nicht, daß sie hier wären! (er küßt ihn.)

*Domi-*

**Dominik V.** Guten Tag! mein Sohn! — Ich wollte eben auf dein Zimmer gehen.

**Delomer.** Hör er, Dominik! Er muß mir nichts verhehlen — Sein Vater bildet sich ein, der Aufenthalt in Paris gefiel ihm nicht. Er glaubt in ihm ein heimliches Verlangen nach dem Ort entdeckt zu haben, den er so lang bewohnt hat: ich sollte denken, er wäre in meinem Hause nicht unzufrieden: aber, da man nicht allemal Herr über seine Neigungen ist, wenn sie ihn von hier wegzögen, so soll er, wärs mir auch noch so leid, frey seyn.

**Dominik S.** Wer kann mir doch ein Vorhaben aufbürden, das von meinen Gedanken so weit entfernt ist? Man hat in meinem Herzen nicht recht gelesen. Ich sollte mich von ihnen entfernen: ich sie verlassen! Ah! mein Vater! Ah mein Herr! glauben sie das nicht. Glauben sie vielmehr, daß ich in jeder andern Stadt unglücklich leben würde.

**Dominik V.** Beym Hagel! es ist mir lieb, daß ich mich geirrt habe. Das Geständniß ist zu feurig hervorgebracht, als daß es nicht aus dem Herzen kommen sollte: wenn es dem so ist, werden wir alle drey zufrieden seyn. (zu Herrn Delomer) Sie sehen es, er ist nicht undankbar, er hat sie eben so lieb, als sie ihn.

**Delomer.** Das ist mir außerordentlich angenehm. (zu Dominik Sohn) Ja! Dominik! Es würde mir recht wehe gethan haben, wenn er mein Haus verlassen hätte. Er verdient, daß ichs ihm gerade gestehe. Ich sehe, daß er immer mehr und mehr mein Vertrauen erwerben wird, und das mit Recht. Ich habe von ihm den besten Begriff, und das hab' ich auch seinem Vater gesagt.

Dominik S. Herr! mein ganzer Ehrgeiz ist, ihnen genug zu thun. — Das Zeugniß, das sie davon meinem Vater zu geben, die Güte haben, ist für mich die kostbarste Belohnung.

Dominik V. (klopft seinem Sohn auf die Achsel.) Mein Freund! der Lohn der guten Aufführung ist, von allen Menschen geschätzt zu werden.

Delomer. Seine Abreise hätte mein Vergnügen gestört, das ich itzt bey der Versorgung meiner Tochter genießen werde.

Dominik V. Sie verheyrathen die Mamsell? brav! brav! recht so! recht so!

(Dominik Sohn erstaunt plötzlich, und wird unruhig.)

Delomer. Ja! ich verheyrathe sie, ihr könnt es beyde jedermann sagen. Die Sache ist schon richtig. Ich gebe sie dem Herrn Jüllefort: sie schicken sich recht gut zusammen.

Dominik V. Das allerliebste Kind! Ich kannte sie schon, sie war nicht höher, als so; und so klein sie auch war, machte sie mir immer drey oder vier schöne Reverenzen, wenn ich ins Zimmer kam, ob ich schon nur eine wollene Mütze auf hatte.

Delomer (zu Dominik Sohn.) Dominik! Ich erwarte von seiner Freundschaft viele kleine Dienste: denn man wird mit all den Anstalten zu einer Hochzeit niemals fertig. Ich habe noch nie eine

eine Tochter verheyrathet, das wird Ungelegenheiten machen; man wird auf tausend Sachen zu denken haben; ich möchte gern, daß er einen Verwandten vorstellte, und dessen Verrichtungen über sich nähme.

.Dominik V. Mein Sohn! das nenne ich Merkmaale einer ausgezeichneten Freundschaft.

Dominik S. Mein Vater! ich glaube nicht, daß ich mir sie werde zu Nutzen machen können. — Sie sagten so eben die Wahrheit: sie hatten recht. — Sie sehen weiter, als ich — Ihre Erfahrung. — Ich habe nachgedacht: — ich muß Paris verlassen. — Alles will es. — (zu Herrn Delomer) Mein Herr! es thut mir leid, aber ich kann nicht bleiben; ich fühle es jetzt, ich kann nicht hier bleiben.

Delomer. Ich verstehe nicht, was er will.

Dominik V. Was für ein tolles Geschwätz machst du daher? Bist du im Hirn verrückt? Vor einem Augenblick wolltest du nicht fort, und itzt willst du.

Delomer. Was soll man aus zwey so entgegengesetzten Gedanken schließen?

Dominik S. (mit einer großen Heftigkeit.) Ich werde reisen, ich muß, ich muß, ich habe meine Ursachen, wichtige Ursachen. — Es wird mir sehr schwer werden, sie zu verlassen, Herr Delomer! aber meine Ruhe, mein Glück fodert es. (er entfernt sich in eine Ecke der Bühne, und ist ganz niedergeschlagen.)

Dominik V. (unruhig über den Zustand seines Sohnes.) Was sagen sie dazu, Herr Delomer!

Ich

Ich versteh das Ding nicht. — Er will, er will nicht — Sein Kopf! — Ich kenne ihn gar nicht mehr.

Delomer. So viel ich sehe, hat er einen heimlichen Verdruß, den ich nicht errathen kann; er wird ihn in euren Schoos freyer ausschütten. Ihr seyd ein guter Vater, sein Glück liegt euch am Herzen, mir auch. Wenn er glaubt, es in einem andern Lande zu finden, müßt ihr es ihm erlauben: es wird mir leid thun; aber sein Glück geht vor allem. Ich laß euch allein. (geht ab.)

## Siebenter Auftritt.

Dominik, Vater. Dominik, Sohn.

Dominik V. Nu! Dominik! was fehlt dir denn? — Du entfernest dich von mir, und weinest, ohne mir etwas zu sagen?

Dominik S. (sich die Augen austrocknend.) Nein, nicht doch, mein Vater! nicht doch!

Dominik V. (nachspottend.) Nicht doch, mein Vater! nicht doch! — Du hast auch keinen Verdruß! — Du hast mir nichts anzuvertrauen! — Du weinest nicht frey bey mir!

Dominik S. Mein Vater! ich bitte, fodern sie kein Geständniß. — Erlauben sie nur, daß ich noch heute dieses Haus verlasse; je weiter ich davon entfernt seyn werde, je weniger werde ich vieleicht leiden.

Dominik V. (zärtlich.) Sagst du das mir, daß ich dich nichts fragen soll; mir verhehlst du etwas? — Hast du vergessen, wie wir miteinander

der sind? Hast du einen andern Vertrauten, einen andern Freund, der älter, zärtlicher, gütiger wäre, so sag es mir, so überlaß ich ihm meine Stelle. — Mein Sohn, mein Freund! rede, rede — Hör! vielercht bin ich nur der einzige, der dein Schicksal lindern kann.

Dominik S. (lebhaft.) Ich werde es nie wagen — Aber warum soll ich nicht? — bin ich denn strafbar? nein, nein; ah! mein Vater! mein Vater! Warum sind sie nicht in einem vornehmern Stande — Mit ihren Tugenden verdienten sie ein ganz andrer zu seyn, als sie sind.

Dominik V. Das ist wieder was anders! — und was thut dir denn das, wenn ich so vergnügt und glücklich bin? — Aber aufrichtig; solltest du wohl darüber erröthen, daß dein Vater ein Essighändler ist? solltest du diesen elenden Stolz haben? Es ist eine allgemeine Krankheit bey vielen Kindern, daß ihr Vater etwas mehr gethan als sie, und wir sollten miteinander darüber raisoniren, um zu trachten, sie zu heilen; denn der Mensch läßt sich so leicht von Einbildungen einnehmen! — Ha! ich habe schon von deiner Kindheit an vorgesehen, daß dir ein solcher Gedanke einst in den Kopf kommen könnte; ich habe vorgebaut: und habe mich nicht darüber beunruhiget.

Dominik S. Mein Vater! ich verehre, ich liebe sie, nie habe ich mich einen Augenblick geschämet, sie vor der ganzen Welt für meinen Vater zu erkennen. Wenn es mir erlaubt wäre zu wählen, ich würde mir keinen andern Vater, als sie,

sie, wählen; ich würde sie dem reichsten, dem vornehmsten Bürger dieser Stadt vorziehen: aber das Vorurtheil macht, daß nicht jeder denkt, wie ich, und ich bin vieleicht aus dieser einzigen Ursache auf ewig unglücklich.

Dominik V. Nun denn! Wirst du mir also deutlicher reden. — Laß sehen! fehlt es dir an Geld? (sucht in der Tasche) Da! hier hab' ich etwas vorräthig; — nimm, nimm!

Dominik S. (hält ihn zurück.) Sie wissen ja schon lange, daß meine Besoldung mir hinlänglich ist; sie haben genug für mich gethan, und zudem — ich wünschte fast — Was sag ich? Ich hoffe, daß ich in kurzem, wenn es mir gelingt —

Dominik V. Ich kenne deine Denkungsart, du brauchst sie nicht erst zu erkennen zu geben. — Dein Herz, mein Sohn! ist es anders, als das meine?

Dominik S. (küßt ihm die Hände.) Mein Glück wird seyn, sie zu lieben, das muß mich von allem andern schadlos halten. Es sey! ich werde mich damit trösten. — Sie haben so eben gehört, daß Herr Delomer seine Tochter dem Herrn Jüllefort giebt; dieser Mensch, weil er reich ist, erhält ihre Hand.

Dominik V. Wärest du wohl eifersüchtig auf ihn?

Dominik S. O! gewiß sehr eifersüchtig, nicht auf seine Reichthümer, aber wohl auf sein Glück.

Dominik V. Verlangst du das Mädchen,
oder

oder eine Versorgung? Nimm dich in acht, daß du dich darinn nicht irrest!

Dominik S. Warum ist sie nicht auch so arm, wie ich! Ich würde mein Schicksal mit dem ihrigen vereinigen. — Sie sagten mir immer: um glücklich zu seyn, müsse man sich blos der Person ergeben.

Dominik V. Aber um sich einer Person zu ergeben, muß man auch von ihr geliebt werden; und ohne Zweifel gefällt ihr der, den sie heyrathen will, mehr als du: also mein guter Junge! ist hierbey nichts zu thun.

Dominik S. Ach! wenn sie sich dem ergäb, den sie am meisten liebt, so wäre ich sicher, keiner würde sie mir entziehen.

Dominik V. Das heißt: wenn sie dir Gehör gäbe, so würdest du nicht anstehen, sie zur Frau zu nehmen.

Dominik S. Ach! wie weit ist dieses Glück von mir entfernt. — Es ist geschehen: nein, nie werde ich eine andre lieben, und dennoch wird sie nicht mir zugehören.

Dominik V. (nach einem kleinen Nachdenken.) Wer weis? — Aber sage mir! wie kam denn diese Liebe in dein Herz?

Dominik S. Mein Vater! Von Anfang sah ich sie, ohne von ihr eingenommen zu seyn. Wir giengen miteinander um, lasen, sangen, spielten zusammen, und ich empfand noch nichts für sie! vielmehr bewunderte ich andre Mädchen, die mir viel schöner vorkamen: aber bald fieng ich an, diese weniger liebenswürdig zu finden, und jemehr ich

mit

mit Mamsell Delomer umgieng, jemehr ward ich bezaubert. Wenn sie wüßten, wie sie denkt, wie sie sich ausdrückt, welch edles Gemüth, welch unerschöpfliches Gefühl gegen Unglückliche! welche rührende Redlichkeit in allen ihren Handlungen herrscht, und dieses alles natürlich, ohne Zwang, ohne daß sie sich etwas darauf zu gut thut. Sie hat alle Annehmlichkeiten der Sittsamkeit, alle Munterkeit der Unschuld; ihre Freuden sind rein, ungekünstelt, wie ihr Herz. — Ich habe bemerkt, daß sie nie von jemanden übel redet, und ich sah immer, daß sie ihren Freundinnen bey der geringsten Verläumdung Verweise gab.

Dominik V. Ein schöner Karakter von einem Frauenzimmer!

Dominik S. Ach! wenn sie gar wüßten, wie sehr sie ihren Vater liebt.

Dominik V. Kannst du mir aber sagen, ob sie sich aus Gehorsam, oder aus Neigung verheyrathet?

Dominik S. Aus Neigung! Gewiß nicht. Herr Jüllefort ist ein sehr artiger Mann, aber —

Dominik V. Sage mir! würde sie dich ihm vorziehen, wenn du so reich wärest, wie dieser Jüllefort?

Dominik S. (mit Leidenschaft.) Ich getraue mir es zu hoffen! — Vieleicht schmeichle ich mir zu viel, allein dieß ist der einzige Trost, der mir übrig bleibet; diesen werde ich nicht aufgeben bey allem Unglücke, das mich trifft. Aber er wird sie heyrathen, als eine gehorsame Tochter wird

sie

sie sich der Wahl ihres Vaters nicht widersetzen. — Sie wird gehorsamen, sie wird sich ewig unglücklich machen, und auch mich.

Dominik V. (nachdenkend.) Dominik! Höre!

Dominik S. Mein Vater!

Dominik V. (nimmt ihn bey der Hand.) Fasse Muth, mein Freund! hoffe! —

Dominik S. Was sagen sie? — Ich, hoffen?

Dominik V. Da die Heyrath noch nicht geschlossen ist, so ist es noch Zeit. — Heute rede ich mit ihrem Vater, und begehre sie für dich.

Dominik S. (erschrecken.) Bedenken sie auch? — Nehmen sie sich in acht, mich einer abschlägigen Antwort auszusetzen: er könnte es für eine Schmach aufnehmen — und mit schimpflicher Verachtung — Ich würde darüber sterben. — Worauf können sie hoffen? Reichthum, Stand, Vorurtheile, alles steht zwischen ihnen und uns. In diesem habsüchtigen Jahrhundert, was fragt man darnach, ob die Liebe zwey Herzen vereinige?

Dominik V. Nichts weiter, sag ich dir. — Ha! mein Freund! noch vor Ende des Tages komme ich wieder her zu dir, und vieleicht mit angenehmen Neuigkeiten.

Dominik S. Es reuet mich, daß ich mich ihnen entdeckt habe. Lassen sie mich lieber weit von ihr fliehen. Was hilfts, mich mit einer eiteln Hoffnung zu unterhalten? Ich leide ohnehin schon zu viel, um mich noch einer Verachtung auszusetzen. Der Reiche ist stolz. — Es steht nicht in ihrer Gewalt, mein Vater! mir ein

C                                                             Glück

Glück zu verschaffen, welches das Schicksal von mir entfernt.

Dominik V. Schweig, und laß mich machen. — Du magst dich noch so viel verwundern. Ich will, daß du in diesem Hause bleiben, und nicht weggehen sollst.

Dominik S. Ah! mein Vater! das geht über meine Kräfte.

Dominik V. Ey was! Es ist deine Schuldigkeit, mich anzuhören, und mir zu gehorsamen, wenn ich rede. — verstehst du?
(er geht langsam weg; der Sohn folgt ihm von weitem nach, mit hängendem Kopfe. Der Vater kehrt wieder um, und da er seinen Sohn bey der Hand nimmt, sagt er ihm in einem gerührten und gesetzten Tone)

Du sollst sie haben, Dominik! du sollst sie haben.
(der Vater geht ab.)

Dominik S. Der gute Vater! Wie er sich dem Blendwerke überläßt, das ihm seine Zärtlichkeit einflößt! — Ach! mir bleibt nicht einmal die Hoffnung, die doch zuweilen das Unglück begleitet!

## Zweyter Aufzug.

### Erster Auftritt.
**Dominik Sohn, allein.**
(kömmt langsam und nachdenkend.)

Du sollst sie haben, du sollst sie haben. — Diese Worte (ich weis nicht warum) ertönen ohne Unterlaß in meinen Ohren. Umsonst wollte er den Schmerz zerstreuen, der mich verzehrt. — Ach! allzutheurer Gegenstand! niemal, nein, niemal wirst du aus diesem Herzen weichen; dein Bild ist auf ewig darein gegraben, Troß dem ungerechten Schicksale, das uns trennt. — Ißt, ißt erst fühle ich es, wie sehr ich dich liebe. — Je weniger Hoffnung mir bleibet, je heftiger wächst meine Liebe. — Wie grausam ist es für mich, dich einem andern bestimmt zu sehen! Ein andrer wird er dich so glücklich machen, als ich dich gemacht haben würde? Wird ein andrer dich so lieben, als ich? — Ich muß also meine Qualen verschlingen! — Alles in diesem Hause wird mir unerträglich. — Selbst sie vermehrt mein Leiden. Ich darf sie nicht ansehen. Schon der Ton ihrer Stimme bringt mich zur Verzweiflung; und je mehr ich sie fliehe, je mehr führt sie das Schicksal zu mir. — Da ist sie wieder. — Werde ich bleiben. — Nein.

## Zweyter Auftritt.

Dominik, Sohn. Mamsell Delomer.

Dominik S. (grüst sie, und geht langsam fort.)

M. Delomer, (da er an der Thüre ist, mit trauriger Stimme.) Sie gehen weg?

Dominik S. (zurückkommend.) Nein, Mamsell!

M. Delomer. Und doch wollten sie hinaus. — Ich will sie nicht aufhalten.

Dominik S. Ich gieng. —

M. Delomer. Nun! sie giengen?

Dominik S. Ich gieng nirgends hin. (er seufzt)

M. Delomer. Sie sehen heute sehr traurig aus.

Dominik S. Es ist wahr, ich sollte — eben recht, Mamsell! Ich vergaß ihnen Glück zu wünschen.

M. Delomer. Wozu?

Dominik S. Herr Jüllefort — Die Sache ist ja schon beschlossen.

M. Delomer. Sie sind ironisch!

Dominik S. (mit Leidenschaft und Schmerzen.) Ich bin nur unglücklich.

M. Delomer. Lassen sie mich. — Ich thue nicht wohl daran, daß ich bey ihnen bleibe; wir verrathen uns beyde; sie sind mir ein Gegenstand der Schmerzen, noch mehr als Jüllefort.

Dominik S. Ich? Ich sollte ihnen den geringsten Kummer verursachen! — Ach! was fodern sie mehr? Verbarg ich nicht bis itzt auf das sorgfältigste meine heftige Leidenschaft, freylich

eine

eine zu verwegene Leidenschaft! aber wenigstens konnte ich sie verschweigen.

M. Delomer. Das weis ich.

Dominik S. Auch nicht die kleinste Hoffnung ist mir erlaubt; und eine grausame Nothwendigkeit wird mich von einem Orte entfernen, wo ich nicht mehr leben kann.

M. Delomer. Glauben sie mir, ich leide, wenn ich sie sehe, und ich werde noch mehr leiden, wenn ich sie nicht mehr sehen werde.

Dominik S. Ihr Mitleid, wofern sie welches mit mir haben, kann mir nichts helfen. Setzen sie wenigstens ihrem Erbarmen keine Gränzen; lassen sie ihm freyen Luft, ich bedarf dessen. Ungeachtet der Hindernisse, die sich zwischen uns erheben, ist nur ein Glück ohne Zurückhaltung, das mich rühren kann.

M. Delomer. Und wie kann ich mich meinem Vater widersetzen? Ich wollte einige Worte sagen, er hörte mich nicht an. Er ließ sein Ansehen sprechen, und ich hatte keine Stimme, ihm zu antworten: Herr Jüllefort, von allen Seiten anempfohlen, hat sein Vertrauen gewonnen. Mein Vater war es ihnen eher schuldig; aber sie wissen es, nur das Glück machet die Ehen: wie viel glückliche findet man auch!

Dominik S. Ja, das Glück war mir gar nicht günstig; und dieses hielt mich auch bisher ab, in ihren Blicken zu lesen. ―

M. Delomer. Jüllefort sieht mich mit vieler Zuversicht an.

Dominik S. Von solcher Kühnheit bin ich weit entfernt.

M. Delomer. Ich habe ihm allezeit sehr kalt begegnet; und ich begreife nicht, wie es Mannspersonen geben kann, die uns wider unsern Willen haben wollen.

Dominik S. (lebhaft.) Er hat ihre Hand noch nicht; und wenn sie mit Muth widerstünden —

M. Delomer. Welchen Muth soll ich haben? — Widersteht man wohl in meinem Alter? Ich fürchte auch, es ist zu spät; mein Vater hat mich schon verheißen.

Dominik S. Und sie willigten drein?

M. Delomer (gerührt.) Könnt ich wohl etwas einwenden, wenn ein Vater befiehlt? Sie wissen nicht, wie viel Gewalt ein Vater über uns hat. — Ich liebe ihn, ich fürchte, ihn zu beleidigen; und je mehr ich ihn liebe, je mehr zittre ich, ihm zu widerstehen.

Dominik S. Ach! Wär ich an ihrer Stelle, ich würde standhafter seyn.

M. Delomer (mit Erstaunen.) Sie rathen mir, meinem Vater ungehorsam zu seyn! — Es ist nicht schön, daß der Vortheil ihrer Liebe sie so gegen meine Schuldigkeit reden läßt.

Dominik S. Der Vortheil meiner Liebe! So werth er mir ist, würde ich ihm um ihrer Ruhe willen doch entsagen. — Es ist ihr Vortheil, der mich aneifert. Wie kann ich wohl, ich, der ich nichts habe, die Einwilligung ihres Vaters hoffen, ich, ein Sohn — Der Stolz hat

hat unmenschlichen Unterschied geschaffen, der mich itzt zur Verzweiflung bringt. — Ich fürchte nur, sie möchten unglücklich werden, — leben sie mit jedem andern, wenn sie ihn nur lieben können. — Wollen sie die grausamen Bande knüpfen, die sie die Last des Unglücks jeden Tag ihres Lebens, werden fühlen lassen? Gehören sie jedem andern zu, und leben sie glücklich. — Ich meiner Seits weis, was ich thun muß: ich will mein Vaterland verlassen, ferne von ihnen seufzen, und sie überzeugen, daß meine Liebe rein und uneigennützig ist.

M. Delomer (gerührt.) Wär' ich doch so arm, daß mich kein Mensch haben möchte!

Dominiks. Ach! wär ich reich! den Augenblick wollt' ich mich antragen. Oder, warum sind sie nicht ohne Brautschatz, schlecht gekleidet, sie würden eben so reizend seyn, und ich wäre meinem Glücke näher; alsdann würde man nicht argwohnen, daß ihre Reichthümer mich anlockten.

M. Delomer. Aber wenn sie, statt unser Haus zu verlassen, blieben. — Ich — sie könnten versuchen — sie könnten sogar — Doch nein, er würde nicht einwilligen; ich betrüge mich; er wird nie einwilligen.

Dominiks. Das ist es eben, was mich zu Boden schlägt. — Ich darf nicht, auch nicht einmal in Gedanken, mich so hoch hinaufschwingen. Ich würde ihren Vater beleidigen; ich würde vielleicht gar als ein Verführer angesehen werden. — Die Vorurtheile — Genug, ich bin

ver-

verlohren, da indessen ein andrer, weil er reich ist, die Kühnheit haben wird, sich ihrer zu bemeistern. — Ach! welcher Unterschied ist es, das Herz einer Person, oder nur ihre Hand zu besitzen!

M. Delomer. Ich werde ihm so kalt begegnen, als es immer möglich ist. — Aber der Mensch fühlt nichts. Wenn er darauf beharret, mich zu haben, so werde ich —

Dominik S. (mit erstickter Stimme.) Himmel! — den Schwur thun, ihn zu lieben?

M. Delomer (gerührt.) Und zugleich den, o Gott! in meinem Leben nicht mehr an sie zu denken.

Dominik S. (lebhaft.) Darf ich mir wohl schmeicheln, daß sie zuweilen wirklich daran dachten?

M. Delomer. Sie haben zu viel in meinem Herzen gelesen, und ich habe sie zu gut verstanden. — Dieses ist das erstemal, daß unsre Herzen sich so ausdrücken; sie werden dieses Vergnügen nicht lange genießen. Das Gesetz, das Vorurtheil, alles, alles ist wider uns.

Dominik S. Ha! Ich kann alles wagen: ich will mich ihm zu Füßen werfen. Auch sie müssen es thun.

M. Delomer. Da kömmt er. Ich zittre, er möchte uns gehört haben.

Drit-

## Dritter Auftritt.

Herr Delomer. Mamsell Delomer. Dominik, Sohn.

Delomer (kömmt eilend, und mit verwirrter Miene.) Dominik, ich suchte ihn, auch dich meine Tochter! — Ach Gott! ich habe euch entsetzliche Dinge zu sagen.

Dominik S. (unruhig.) Was ist es, was ist es?

M. Delomer (zitternd.) Wie sie bestürzt aussehen, mein Vater! was fehlt ihnen?

Delomer. Ich verzweifle!

Dominik. S. Sie! Ach! reden sie doch!

M. Delomer. Mein Vater!

Delomer (fällt in einen Lehnstuhl.) Einen Augenblick, laßt mich zu mir selbst kommen. — Meine Tochter! du wirst zittern. — Mein Unglück; es ist mir schrecklicher, weil es das deinige ist. — Dein Vater hat sein ganzes Leben nur gearbeitet, um sich an einem Tage mit einemmal zu Grunde gerichtet zu sehen.

M. Delomer. Zu Grunde gerichtet, sie!

Dominik S. Wie kann das seyn?

Delomer (zu Dominik, Sohn.) Er verdienet mein Vertrauen: ich bekenne sogar, daß ich wohl gethan hätte, gewisse Rathschläge anzunehmen, die er mir gab; es reuet mich itzt; aber es ist zu spät. — Mein lieber Dominik! er hat allezeit gezittert, wenn er sah, daß ich den zweyen Correspondenten zu Hamburg so viel vorschoß.

Dominik S. Sollten diese bankrott gemacht haben!

Delomer. Ich ward so eben, wie vom Blitz davon gerührt. Seit zwanzig Jahren, als ich mit ihnen handle, war mein Vertrauen ohne Gränzen; ich entsagte allen übrigen Correspondenten, um nur allein mit diesen Verkehr zu treiben. Vor kurzem noch stund ich in einem grossen Unternehmen für sie gut, wozu mein blindes Vertrauen mich brachte. Es war der letzte Verkehr, den ich in meinem Leben noch unternehmen wollte. Warum starb ich nicht, ehe ich diesen Gedanken faßte!

M. Delomer. Ah! mein Vater, mein Vater! überlassen sie sich nicht so sehr der Verzweiflung; itzt ist die Zeit, Muth zu zeigen. — Aber, soll denn alles verlohren seyn?

Delomer. Man schreibt mir, ihr Bankrott sey ohne Rettung, und dieß geschieht eben, da ich den stärksten Gewinn von meinen Fonds einzuziehen hoffte, daß dieser Zufall mich zernichtet. Die jährliche Zahlungen, die Unterhaltung des Hauswesens, dein Heyrathsgut, dein Glück, mein Glück, alles ruhete darauf; und alles ist in Abgrund gestürzt.

Dominik S. (lebhaft.) Befehlen sie mit mir, soll ich laufen, die Post nehmen, selbst gehen, ihre Forderungen einzutreiben, indessen sie hier die nöthigen Vorkehrungen treffen? Ich reise, und kehre nicht eher zurück, als bis ich den Sturm geleget habe.

Delo-

**Delomer** (während dieser Scene bleibt Mamsell Delomer mit verborgenem Gesichte auf einem Lehnsessel gelehnet.) Warten wir; es scheint, der Streich komme nicht gerade von ihnen; sie fielen gewiß nur, weil das Gewitter weiter her kam. Was soll ich anfangen, um meine Zahlungen zu leisten? sie sind sehr groß, und die Gelder, die von Hamburg einlaufen sollten, waren bestimmt, diese Schulden zu tilgen. Ich muß Geld aufnehmen, und mich meines Kredits bedienen. Noch both man mir kürzlich ansehnliche Summen an; indessen bis ich dieses erhalte, geh er, und verkauf er die Waaren, die ich ihm geben werde, auch unterm Preise. Man muß die Zeit nützen, da das Unglück noch nicht bekannt ist. Die zwey Tage noch werden wir zahlen, aber nicht länger. — Er versteht mich doch?

**Dominik S.** Ach! Herr Delomer! Welch abscheuliches Mittel!

**Delomer.** Ich bin dazu gezwungen; ich mache es, wie andre. Es ist ein Unglück, das ich aus Noth auf andre zurückwerfe. Ich verliehre, so können andre auch verliehren.

**Dominik S.** Sie könnten sich entschließen — (mit bedeutender Zurückhaltung.)

**Delomer.** Thue ich es nicht, so bin ich zu Grunde gerichtet. Es ist kein ander Mittel. Soll ich allein diese Last tragen, um davon erdrückt zu werden?

**Dominik S.** Erlauben sie mir zu reden, wie ich denke?

Delomer. Das muß seyn. Gegenwärtige Augenblicke sind zu wichtig, um mir das mindeste zu verhehlen.

Dominik S. Sie werden nicht böse darüber werden. Nur das Unglück kann ihnen ein Vorhaben dieser Art einflößen: es streitet wider ihre eigenen Grundsätze. Aus dem Unglücklichen, der sie sind, wollten sie auch strafbar werden? Borgen, und nicht wissen, wie man es zurückgeben kann! Ach! erinnern sie sich dessen, was sie mir wohl hundertmal sagten: Geschlossene Verträge lassen sich unter keinem Vorwande brechen: das Vertrauen, das man in uns gesetzt hat, soll auf keine Weise verletzt werden. — Nach allem dem werden sie doch das einzige thun müssen, was sie noch thun können; das sehen sie selbst ein.

Delomer. Wie! Er rathet mir, ich soll alles meinen Kreditoren überlassen, mich von allem entblößen? Ich will genug auf die Seite bringen, daß ich den Stand unterhalten kann, zu dem ich mich geschwungen habe. Nach so vieler Arbeit soll das Glück eines Hauses von dem Eigensinne des Zufalles abhängen, und ich selbst soll es unterstützen helfen! — Und was würde aus der Versorgung meiner Tochter werden. Ich, der ich mir schmeicheln konnte —

M. Delomer. Denken sie nicht an mich, mein Vater! fragen sie nur ihr Herz um Rath; sehen sie nur auf ihre eigne Ruhe.

Dominik S. Verbannen sie die unwürdige Schwachheit, die aus dem ersten Stoße des Unglücks

glücks entstehet. Sie müssen ihr Wort halten, das ist die Seele des Handels; das muß ihnen auch im größten Unglücke schätzbar seyn. Billigkeit und Ehre müssen über alles gehen. Stellen sie sich einmal das Unrecht vor, das sie thun wollen; zwanzig Familien werden in Armuth fallen, und sie anklagen; diese werden ohne Hülfe seyn, ihnen aber bleibt noch welche. Vertrauen sie sich mir. Sie haben genug, um alles zu bezahlen, wenn sie andre nicht in Verlust bringen wollen.

Delomer. Ja, aber mein lieber Freund! es würde mir ganz und gar nichts übrig bleiben; ich müßte alles verkaufen, meine zwey Häuser, mein Landgut, und vieleicht gar mein Hausgeräthe.

Dominik S. Sie werden aber auch Niemanden etwas schuldig bleiben.

Delomer. Und was würde hernach aus mir? Wahrhaftig, ich würde eine schöne Rolle in der Welt spielen.

Dominik S. Man ist allezeit reich, wenn man alles bezahlt hat. Sie werden, glauben sie mirs, in dem niedrigsten Stande hundertmal glücklicher seyn, wenn sie sich keinen Vorwurf zu machen haben. Ich kenne sie: sie wissen nicht, wie ihnen zu Muth seyn würde, wenn ein Mensch ihnen sagte: du hast mich betrogen. Sie sind daran nicht gewöhnt; der erste Versuch würde ihnen das Leben kosten, ja das Leben kosten, ich bin's versichert. — Ihr Vermögen ist hinreichend, ihre Schulden zu zahlen, oder nicht; warum wollen sie in diesem letzten Falle die alten Kreditoren

toren auf Unkosten der neuen zahlen? Diese Handlung läuft wider alle Ordnung; es ist eine Ungerechtigkeit. —

Delomer. Ich werde mich also herabsetzen müssen?

Dominik S. Man setzt sich nicht herab, wenn man gerecht handelt.

Delomer. Soll ich in das äußerste Elend sinken? Und meine Tochter, meine Tochter! Was würde aus der Hoffnung meines Lebens werden.

M. Delomer. Mein Vater! denken sie nicht an mich in diesen Umständen.

Delomer. Würdest du es gut heißen, daß ich dich von allem beraubte?

M. Delomer. Ja, eher, als ich ihre Stirne ein einzigesmal erröthen sehen möchte.

Dominik S. Herr! ich widme ihnen meine Dienste auf ewig; ihr Unglück macht sie in meinen Augen verehrungswürdiger, als jemals; sie haben mir ihr Vertrauen geschenkt, schenken sie mir es ganz, ohne Zurückhaltung! Sie sind sich zu wenig mächtig, als daß sie in diesem unglücklichen Zufalle selbst etwas unternehmen könnten. Ich gehe, ohne Zeitverlust ein genaues Verzeichniß von ihrem Vermögen und den Schulden zu machen. Ihre Gläubiger von ihrer Ehrlichkeit überzeugt, von ihrem Zustande gerührt, werden ihnen gewiß die Mittel erleichtern, ihren Handel fortzuführen. Sie werden ihren Kredit erhalten; dieser wird ihnen neue Quellen zu Reichthümern öffnen. Verlassen sie sich auf mich; alle
Stun-

Stunden will ich ihnen Nachricht von meiner Arbeit geben. (sehr nachdrücklich) Ja, wir werden alles bezahlen; nicht wahr: wir werden alles bezahlen?

Delomer. Er rührt mich in der Seele, junger Mensch! Ich muß ihn hochschätzen. Niemal habe ich ihn besser gekannt, als in diesem Augenblicke. Ihm werde ich meine Rechtschaffenheit verdanken müssen. Ja, ich verlasse mich auf ihn. Richte er alles so ein, daß niemand, es sey, wer es wolle, mir einen Betrug vorwerfen kann. Es bleibt mir noch ein Stral von Hoffnung übrig; Herr Jüllefort, mein Schwiegersohn, ist reich, er liebt meine Tochter, er wird mich gewiß unterstützen. Etwas mehr oder weniger für dermalen, wird ihm gleich viel seyn. Man würde ihm unrecht thun, wenn man dächte, daß er bloß der Mitgift wegen — nein! diese Unbild verdient er nicht.

Dominik S. Er kann sich doppelt glücklich machen, und eines neuen Glückes theilhaftig werden, wenn er ihnen sein Vermögen anbiethet: welche Vortheile für ihn!

Delomer. Ich halte ihn für einen guten Freund, und wir wollen ihn in unser Vertrauen ziehen; als mein künftiger Schwiegersohn wird er sich unserer Sache annehmen. Ich gestehe es, es wird mich schwer ankommen, ihm diese Eröffnung zu machen. Ich muß ihm sagen, ich wäre bemüßiget, den größten Theil der Mitgift

zu

zu Bezahlung meiner Gläubiger anzuwenden. — Doch soll er in der Folge nichts daran verliehren.

M. Delomer. Nun denn! erlauben sie mir, daß ich ihnen dieses Geständniß erspare; er soll es aus meinem Munde hören; er wird es besser nehmen. — Lassen sie mich mit ihm reden. — Seine Antwort wird uns alsdenn keinen Zweifel übrig lassen.

Delomer. Es sey; so eben, als ich nach Haus kam, sah ich ihn hinter mir her kommen; ich war zu verwirrt, um mit ihm zu reden; ich suchte dich, und befahl, man soll ihn warten lassen. Ich will ihn herschicken. (zu Dominik, S.) Komm er, mein lieber Dominik, ich will ihm alle meine Papiere übergeben; ich bin zu bestürzt, mache er alles nach seinem Gutdünken; ich vertraue ihm meinen Wohlstand und meine Ehre: ich werde alles gutheißen, was er machen wird: ohne ihn hätte ich einen Schritt gethan, der meinem Namen sehr unanständig gewesen wäre. — Er hat mich von dem Abgrunde zurückgehalten, in den ich mich stürzen wollte. —

Dominik S. Ich kann ihnen nichts anbiethen, als meinen Eifer; aber der ist ohne Gränzen, und rein; er wird sich, so lang ich lebe, in keiner von meinen Handlungen verläugnen.

## Vierter Auftritt.

Mamsell Delomer allein, (seufzt, und sagt nach einem kurzen Stillschweigen.)

Wie grausam ist es, Empfindungen zu ersticken, die so rechtmäßig scheinen! Wie edel er sprach! Ach! mein Herz billigte alles, was er sagte. Seine Seele stimmt recht mit der meinigen überein. — Woher kömmt es doch, daß ich so wenig Theil an dem Unglücke nehme, das uns drückt? wenigstens, wenn ich dieser schmeichelhaften Ahndung glaube, werde ich den Jüllefort nicht heyrathen: aber wenn er nur meine Person in der angetragenen Verbindung vor Augen hätte; wenn er mich genug liebte, daß er meinem Vater zu Hülfe käme, so wäre es Pflicht, mich mehr, als jemals für ihn aufzuopfern. — Dieser Gedanke beunruhiget, erschreckt mich. — Ich wünsche und fürchte. — Ich kenne meine Pflicht, aber ich kenne auch mein Herz. — Hier kömmt er; ich zittre aus Furcht, daß ich ihn großmüthig finde. Aber ach! welch ein schrecklicher Wunsch!

## Fünfter Auftritt.

Herr Jüllefort.   Mamsell Delomer.

Jüllefort (mit Entzücken.) Welches Glück erwartet mich! Welche Freude für mich! Ich war bey dem Notar, er hat den Heyrathskontrakt aufgesetzt, alles geht nach Wunsch; bald werden wir

wir uns die zärtlichsten Namen geben. — Aber was sehe ich? Seyn sie nicht so ernsthaft! Wahrhaftig, ich bin in meinem Leben nicht freudiger gewesen. —

M. Delomer. Diese Freude wird vieleicht nicht von langer Dauer seyn.

Jüllefort. O ja! Sie wird ewig seyn, wie meine Liebe.

M. Delomer. Hören sie, wir haben miteinander zu reden, und ich erwarte alle Aufrichtigkeit von ihnen. —

Jüllefort. Haben sie jemals gezweifelt, daß ich anders reden könnte? (auf den Knieen) Nun, so glauben sie es den feurigsten Versicherungen meines Herzens. — Ich schwöre ihnen eine Liebe zu, die selbst der Tod nicht wird auslöschen können, eine Flamme, die bis in mein Grab brennen soll. — Nein, nie kam mir jemand so anbethungswürdig vor, als sie: ich schwöre es bey allem, was auf der Welt das heiligste ist.

M. Delomer. Ah! Stehen sie auf! Es sind keine Schwüre, die ich von ihnen verlange.

Jüllefort. Wie soll ich sie denn überzeugen? —

M. Delomer. Ich traue wenig auf Schwüre: und die ihrigen, wenn ich es ihnen sagen soll, scheinen mir eitel und flüchtig.

Jüllefort. Eitel und flüchtig! — Was sagen sie Mamsell? Das sind keine Schwüre in die Luft, wie die eines Liebhabers. — Es sind Schwüre eines Gemahls, die sich auf einen guten Kontrakt gründen, den nichts in der Welt brechen kann

kann. — Ja, unser Kontrakt ist so gut, wie unterzeichnet, denn man wartet nur auf sie. — Sie zweifeln an meiner Liebe! Ach! sie wissen nicht, was ich ihnen aufopfere! wenn ich ihnen sagte, was ich für Parthyen ausgeschlagen habe! Hören sie nur: noch vor 14 Tagen trug man mir eine reiche Waise an, die zwey lungensüchtige Oheimen hat; das war ein Aufsatz von Reichthümern, der gar kein End hatte; aber ich las ihn nicht einmal; ich gab ihn verächtlich wieder zurück. Man hätte mir eine Million angetragen.

M. Delomer. Da haben sie vieleicht nicht wohl bey gethan, eine so gute Parthie auszuschlagen.

Jüllefort. Wie denn! sie beleidigen mich ganz entsetzlich.

M. Delomer. Können sie für sich selbst gutstehen, um zu versichern, daß sie bey der Heyrath mit mir gar nicht auf mein Vermögen sehen?

Jüllefort. Wenn sie auch ohne Vermögen wären, würde das Glück, sie zu besitzen, in meinen Augen doch eben dasselbe seyn.

M. Delomer. Wie! wenn ich nichts hätte, würden sie mich mit dem nämlichen Eifer verlangen? Würden sie mich ohne Heyrathsgut nehmen? — Ueberlegen sie es wohl!

Jüllefort. Was für eine Frage! ich brauche nichts zu überlegen: ich würde ihnen mit eben der Zärtlichkeit eine Probe meiner Uneigennützigkeit geben.

M. De-

M. Delomer (beyseite.) Soll es ihm Ernst seyn? Ich Unglückliche! Wohlan! es ist für meinen Vater.

Jüllefort (beyseite.) Wie einfältig sie ist! man muß sich darein finden. —

M. Delomer. Setzen wir den Fall, daß mein Vater durch ein unerwartetes Unglück plötzlich in Armuth gerathen sey, und daß er ihre Unterstützung nöthig hätte, um sich wieder empor zu heben, würden sie so großmüthig seyn, sich seiner anzunehmen?

Jüllefort. In einem solchen Falle wäre das Glück, sie zu verdienen, der Preis weit über alles, was ich für sie thun könnte. — Aber sagen sie mir, wollen sie mich auf die Probe stellen, oder ist es Spott? Mein Vermögen ist frey, unbeschwert, ich bin nichts schuldig, das versichre ich sie; fürchten sie sich nicht, ihre Hand dem Manne zu geben, den sie empfindlich gemacht haben; wir werden prächtig, glänzend leben. — Ich meiner Seits setze ihnen keine Fragen, die ein Mißtrauen verrathen. —

M. Delomer (fällt ihm ein.) Die Fragen sind ernsthafter, als sie denken, als sie glauben können. (mit Nachdruck, und gerührt) Sie gründen sich auf Umstände, die eben so neu, als unglücklich sind.

Jüllefort (scheint sehr unruhig.) Was ist denn geschehen? Mamsell! was wollen sie sagen?

M. Delomer. Das, was man mir aufgetragen hat, ihnen zu eröffnen; ich habe sie auf

den

den letzten Zug bereitet, um sie nicht plötzlich zu erschrecken.

Jüllefort (vor sich.) Das fängt an mir Angst zu machen — Vieleicht ist es auch nur eine List.

M. Delomer. Haben sie nicht an meinem Vater bemerkt, daß er traurig, niedergeschlagen, und in einem Zustande war, der die äußerste Unruhe verrieth?

Jüllefort (erbleichend.) Wirklich — aber es geschieht manchmal so. — Sollte ihn ein besonderer Zufall getroffen haben?

M. Delomer. Der schrecklichste. So eben erhielt er die Nachricht von einem fürchterlichen Falliment.

Jüllefort. Das auch ihn trifft?

M. Delomer. Größtentheils ihn. Es sind Freunde, mit denen er schon zwanzig Jahre verkehret, welche ihn gänzlich zu Grunde richten.

Jüllefort (vor sich.) Ich bin verlohren. — (laut) Und ist es beträchtlich?

M. Delomer. Unser ganzes Vermögen ist hin; wir sind völlig zu Grunde.

Jüllefort (schreyend.) Ach Gott! ach Gott! was sagen sie mir da? (eine lange Pause) Nur mir kann so etwas begegnen. (beyseite) Ich Unglücklicher! (nach einer Pause laut und lebhaft) Man muß ihm rathen, seinen Zustand einige Zeit geheim zu halten, ihre Heyrath zu beschleunigen, und das Heyrathsgut zu verdoppeln; dieß ist ein sicheres Mittel, ein Brett aus dem Schiffbruche zu retten. Das Heyrathsgut der Tochter ist eine Sache, die allen Gläubigern vorgeht, und sie mit einer langen Nase abweißt. — Wenn er das Heyrathsgut recht groß machte —

M. Delomer. Diesem Rathe wird mein Vater nicht folgen: er hätte ihnen sein Unglück verhehlen, und sie betrügen können. Aber dieser niedre Kunstgriff ist weit von ihm entfernt.

Jüllefort (vor sich.) Ha! da bin ich noch gut herausgekommen. (laut, und in einem zornigen Tone) Aber wie hat er sich auch in so etwas einlassen können? — Da hat er nicht klug gehandelt. — In seinem Alter solche Ausschweifungen zu begehen! Das ist gar nicht zu verzeihen.

M. Delomer. Es giebt Handlungsgeschäffte, die solchen Unglücksfällen unterworfen sind, und bey denen man nichts gewinnt, wenn man nicht Gelder vorschießt. Er sollte so eben einen beträchtlichen Gewinn einziehen.

Jüllefort. Einen beträchtlichen Gewinn! Man muß sie aufhängen die Schurken! Die Elenden!

M. Delomer. Sie sind nur unglücklich, wie wir.

Jüllefort. Keine Gnade, keine Gnade, fort mit ihnen auf den Rabenstein! — Das Glück ist mir sehr ungünstig — aber ich bin äußerst wider ihren Vater aufgebracht, er verdient die entsetzlichsten Vorwürfe. — Anstatt, daß er sein Geld in seinen Kisten behalten hätte —

M. Delomer. Wer von uns kann in der Zukunft lesen?

Jülle-

Jüllefort. Aber Mamsell! Das ist ein unersetzlicher Verlust; sie fühlen das Ding nicht so, wie ich; sie bleiben so ruhig dabey. — Ich hatte alles schon so gut angelegt. — Da liegen itzt alle meine Anschläge. Ich bin sicher, sie wissen nicht einmal, daß sie fast nichts von Seite ihrer Mutter haben: die zwey Landhäuser sind erst seit ihrem Tode erworben. Freylich ist ein kleiner Wittum, ich weis nicht, auf was für einem Grunde der neuen Vorstadt; aber das will nicht viel bedeuten! — Ihr Vater ist wahrhaftig ein — ein — Sie mögen sagen, was sie wollen; ich werde es ihm in meinem Leben nicht verzeihen.

M. Delomer (in gesetztem Tone.) Nehmen sie sich in acht, etwas zu sagen, das ihn beleidigen könnte: das heißt auch gar zu lebhaft sich meiner annehmen. Mein Vater hat ihnen kein Unrecht gethan, wie mich deucht; er arbeitet wirklich an einem Verzeichnisse seiner Schulden, und wir sehen mit Vergnügen vor, daß unser Vermögen hinreichend seyn wird, alles zu bezahlen.

Jüllefort. Und ihr Heyrathsgut, ihr Heyrathsgut? — ich rede mehr für sie, als für mich. In allen möglichen Fällen müssen sie doch immer ein Heyrathsgut haben. — Ha! ich dachte nicht daran: sie werden doch wenigstens Oheime, Muhmen, und verschiedene Anverwandte haben, deren Vermögen auf sie fällt, und im Ganzen etwas austragen — und den Verlust ersetzen —

M. Delomer. Nein, ich habe von niemanden etwas zu erwarten: mein Vater war alles für mich), und nur seinetwegen vergieße ich Thränen.

Jüllefort (vor sich.) Nicht eine einzige Erbschaft! was für Leute! Wo hätte ich mich hineingesteckt! (laut) Ich liebe sie zu sehr, um nicht von diesem Zufalle gerührt zu seyn. — Das verdammte Falliment! — Fühlen sie nicht das ganze Unglück zweyer Personen, die sich lebenslänglich verbinden, und wovon eine — sind sie aber gewiß, daß man ihrem Herrn Vater nicht wenigstens einen Theil seines Vermögens wieder zustellen wird? achtzig Procento zum Beyspiel. — Das ist so der Gebrauch. —

M. Delomer. Einen solchen Vorschlag würde er verwerfen; er will keine Begünstigung; er will niemanden in Verlust bringen.

Jüllefort. Desto schlimmer, Mamsell! desto schlimmer! So was macht eine schreckliche Veränderung, wie sie sich leicht vorstellen können — und, zudem zweifle ich auch sehr, ob sie mich aufrichtig lieben. — Eine so junge und reizende Person kann ich nicht blos auf die Erlaubniß des Vaters beyrathen. — Ich würde mir immer den Vorwurf machen, sie nur blos von seiner Hand erhalten zu haben. — Ich will sie nicht unglücklich machen, sie würden es vieleicht mit mir seyn. — Das beste Mittel in diesem Falle wär —

M. Delomer. Daß sie sich zurückzögen.

Jüllefort. Ja, ja, Mamsell, ich gehorche ihnen. — Ich gehe. — Ich empfehle mich ihnen.

Sechs=

## Sechster Auftritt.

**Mamsell Delomer** allein.

Dieß ist also der Mensch, der, wenn man ihn hört, nur mich zu haben wünscht. — Wie er betroffen ward, als ich ihm die Neuigkeit entdeckte! Es war nicht anders, als wenn man ihm sein Vermögen nehmen wollte. Wenigstens diente das Unglück dazu, ihn zu entfernen. — Ich bin also dieses Menschen los. — Ich fühle eine heimliche Freude darüber — aber der Zustand meines Vaters verwirrt, rührt mich. Nur seinetwegen ists mir um unser Vermögen leid, weil er damit seine letzte Jahre hätte in Ruhe zubringen können. Was mich betrifft, glaube ich, daß ich mit Dominik in dem geringsten Mittelstande werde leben können. Ja! wie glücklich wäre ich ißt, wenn nur mein Vater nicht mehr litte.

## Siebenter Auftritt.

**Dominik, Sohn. Mamsell Delomer.**

**Dominik S.** (geht über die Bühne mit Briefschaften in der Hand.) Eben bin ich damit beschäfftiget, die heftigsten Schläge des Ungewitters abzuwenden. Man findet oft unverhoffte Hülfsmittel, und die Zeit führt allezeit besondere Veränderungen herbey. Vieleicht nehmen ihre Sachen eine andre Wendung, verzweifeln sie nicht; vieleicht ist nicht alles verlohren; ich will nur die Wege suchen,

suchen, das dringendste abzuthun. Itzt ist es nicht Zeit, mit ihnen von mir zu reden.

M. Delomer. Ich bin über diesen Schlag des Schicksals nicht mehr so aufgebracht; er scheint mich ihnen zu nähern; wenigstens werden unsre Umstände beynahe gleich seyn. Wie verächtlich kömmt mir das Geld vor, das alles macht, wenn die so theuren, so vortrefflichen Empfindungen des Herzens ohne Werth sind. Ich habe den Jüllefort reden gehört.

Dominik S. (unruhig.) Sein Vermögen wird sie über das entschädigen, was sie verliehren. —

M. Delomer. Sie irren sich. (lächelnd) Er hat sich aus dem Staube gemacht, als er unser Unglück erfuhr.

Dominik S. (freudig.) Es ist ein Glück für mich, daß dieser Mensch nie, weder ein Herz noch Augen hatte. — Itzt hab ich ihn nicht mehr zum Nebenbuhler. —

M. Delomer. Sie haben nie einen gehabt. — Sie werden und können nie einen haben. Sie verdienen dieß Geständniß; lassen sie sich dadurch anfeuern, meinem Vater gut zu dienen.

Dominik S. (küßt ihr die Hand.) Was vermag die schwache Stimme der Erkenntlichkeit, wenn mein Herz vor Liebe, vor Verwunderung und Freude schlägt. — Leben sie wohl, ich laufe, ich eile. — Was kann ich thun, um sie würdig genug zu verdienen?

(sie verlassen einander, indem sie sich zärtlich anblicken.)

Drit-

# Dritter Aufzug.

(Das Theater stellet eine Art von einem Saal zu ebener Erde vor; Dominik, Vater, mit einer wollenen Mütze und in einer rothen Weste führt ein Fäßchen auf einem Schubkarn. Ein Bedienter will ihn nicht hereinlassen.)

## Erster Auftritt.

Dominik, Vater. Ein Bedienter.

### Bedienter.

Was! Ihr wollet durchaus, und wider unsern Willen in diesen Saal herein?

Dominik V. (der seinen Schubkarn immer fortführet, und ganz außer Athem ist.) Ja, ich will; ich habe meine Ursachen dazu. — Zurück! auf die Seite!

Bedienter. Was soll das heißen? Hat man so was je gesehen; ich glaube, ihr seyd ein Narr.

Dominik V. (der seinen Schubkarn niedersetzet.) Ich bin kein Narr, ich weis wohl, was ich thue, und was ich thun soll. — Er wird mir den Kopf warm machen. — Wart er, bis sein Herr sich drüber aufhalten wird. Wenn ihm mein Sohn etwas befiehlt, macht er dann auch so viele Einwendungen?

Bedienter. Ha! Wenn der es befohlen hat, so ists was anders; man hat ihm schon von allem diesem Nachricht gegeben.

**Dominik V.** Meinem Sohne? und warum? Ich habe itzt nichts mit ihm zu thun. (er stampft mit dem Fuße auf die Erde) Man sehe nur die Kerls da. Mit Herrn Delomer will ich reden, und sonst mit niemanden, — Ich muß den Augenblick mit ihm sprechen.

**Bedienter.** Er kann itzt nicht, er hat Geschäffte.

**Dominik V.** Das thut nichts, ich muß durchaus gleich mit ihm reden. — Es kömmt auf das Leben eines Menschen an.

**Bedienter.** Hier ist euer Herr Sohn; redet mit ihm. (im Weggehen) Ein wunderliches Original! — Er ist meiner Sex, nicht richtig im Hirn. (geht ab.)

## Zweyter Auftritt.

Dominik, Vater. Dominik, Sohn.

**Dominik S.** Was giebts mein Vater? was haben sie vor, wie kommen sie in diesem Aufzuge hieher! Nun, mein Gott! Was wollen sie mit allem dem Geschleppe da?

**Dominik V.** Mein Freund! Ich komme, die Anwerbung für dich zu machen.

**Dominik S.** Sie wählen ihre Zeit recht gut, und noch besser den Ort.

**Dominik V.** Geh! geh! sey unbekümmert! Laß mich nur machen. — Du wirst sehen, du wirst schon sehen.

Domi=

Dominik S. Was! In diesem Arbeitskleide, mit dem Fäßchen, mit dem Schubkarn hier auf dem gewixten Boden!

Dominik V. (spottet ihm nach.) Ja! auf dem gewixten Boden; das ist wohl ein großes Unglück! der Zimmerputzer mag ihn wieder wixen. Das Fäßchen gefällt dir nicht? Du zuckst die Achseln drüber? Nu nu, mein guter Junge; das soll meinen Worten Nachdruck geben, der nicht schaden wird, hoff' ich. Man erlangt in jeder Sache seinen Zweck, wenn man nicht mit leeren Händen kömmt. Es wird schon werden. Mein Satz ist: niemal ohne meine Waare zu seyn. Und mein Aufputz da, der dir nicht ansteht, ist mein Ehrenkleid, verstehst du es? Ich bin niemal kühner, als wenn ich so bin.

Dominik S. Sie haben sich vorgenommen, mich auf die Probe zu setzen, mein Vater! aber ich fürchte, sie fehlen wider die gewöhnliche Wohlanständigkeit.

Dominik V. Was weißt du! Du bist verliebt! Ich will dich heilen. — Ich will dich durchaus heilen. — Ja, das will ich.

Dominik S. Ich bitte, hören sie mich! Herr Delomer ist heute nicht gut aufgeräumt.

Dominik V. Er wird schon aufgeräumt werden.

Dominik S. Ach! sie wissen nicht —

Dominik V. Nu! was weis ich nicht?

Dominik S. Daß ich vielleicht nicht ganz ohne Hoffnung bin, die Tochter —

Dominik V. Gut, gut! nur weiter, nur weiter. — Du haſt mir niemal vorgelogen; du haſt zum voraus darauf gerechnet, daß Mamſell Delomer dich nehmen würde, wenn es auf ſie ankäm; aber nimm dich in acht, nimm dich in acht. —

Dominik S. O! gewiß, mein Vater! gewiß!

Dominik V. (reibt die Hände, und ſpazieret herum.) So iſt es richtig; das war der Hauptpunkt; luſtig, luſtig! Junge! alles wird gut gehen. — Ich habe dirs ſchon geſagt; du ſollſt ſie haben.

Dominik S. (geht ihm überall nach.) Sehen ſie, welcher Gefahr ſie mich ausſetzen, da ſie ihren Stand ſo öffentlich zeigen. Sie machen die Ungleichheit deſſelben noch merklicher: das unterhält ſie, ſcheint ihnen luſtig, artig, ſonderbar, aber die Welt lacht: ſie hat ihre Vorurtheile, die Welt iſt grauſam, ſie verzeiht das Lächerliche nicht. — Haben ſie nicht geſehen, daß ſogar der Bediente die Achſeln zuckte, als er weggieng? — Ich habe es wohl in acht genommen.

Dominik V. Nu! und hernach? Iſt denn das ſo wunderlich, wenn ein Bedienter lacht? — Was thut das? — Wiſſe, daß ſich dein Vater nichts aus einem vergoldeten Herrn mache, der ihrer dreyßig hinter ſich her hat. Was hat er mehr, als ich? nichts, als die Nothwendigkeit, daß er nicht ohne ſie ſeyn kann.

Dominik S. Aber was iſt endlich ihr Vorhaben, wenn Herr Delomer kommen wird? Ich kenne ſie nicht mehr; was wollen ſie mit ihm?

Domi=

Dominik V. (immer herumspazierend.) Du sollst sein Schwiegersohn werden.

Dominik S. Sie übereilen sich zu sehr. Nur ein Wort von ihnen ist genug, mich auf immer unglücklich zu machen. Er wird glauben, ich sey mit verstanden. — Und zu was für einer Zeit kommen sie!

Dominik V. Eben recht, zu rechter Zeit.

Dominik S. (will den Schubkarn fortschieben.) Mein Vater! ich bitte; ich will ihnen helfen, das hier wegzubringen.

Dominik V. (hält ihn zurück.) Nein, nein, nein, ich verbiethe dir, ihn anzurühren; hier muß er stehen bleiben, hier auf der Stelle!

Dominik S. Nur gleich hier unter das Thor.

Dominik V. (hält ihn ganz zurück.) Willst du ihn stehen lassen, sag ich dir? — Da haben wir den Hochmuth! — den Schubkarn fortbringen!

Dominik S. Er wird gleich kommen.

Dominik V. Das will ich eben.

Dominik S. Es ist mir leid, daß ich ihnen was gesagt habe.

Dominik V. Du hast sehr wenig Vertrauen auf deinen Vater! hat es dich jemals gereut, daß du ihn gehört hast? (fast zornig) Für wen hältst du mich denn?

Dominik S. Jeder andrer, als ich, würde glauben, daß sie itzt nicht recht klug sind.

Dominik V. Wir wollen sehen, wer von uns zweyen es am wenigsten ist.

Domi=

Dominik S. Und Herr Delomer wird nicht wissen, was er denken soll. — Ich werde alles läugnen.

Dominik V. (singend.) Ey! wie vernünftig!

Dominik S. Er kömmt! sagen sie ihm nichts, ich beschwöre sie; sehen sie, wie traurig er ist; er ist wahrhaftig nicht aufgelegt, ihren Spaß anzuhören.

## Dritter Auftritt.

Herr Delomer. Dominik, Vater. Dominik, Sohn.

Delomer. Seyd ihr es, der mit mir reden will, lieber Alter? Was wollet ihr denn mit diesem Zeug da?

Dominik V. Wenn sie je etwas auf mich gehalten haben, so lassen sie mich zur Gnade ein halbes Stündchen mit ihnen reden: ich werde ihnen gleich die Ursachen sagen, warum ich so frey bin; und sie werden sie nicht mißbilligen.

Dominik S. (seinem Vater ins Ohr.) Reden sie doch von was anders.

Delomer. Dominik! Ich sehe seinen Vater gern in diesem Arbeitskleide. Es giebt ihm ein gutes Ansehen, das dem Auge nicht mißfällt; sein Alter scheint dadurch ehrwürdiger; seine Arbeiten unterhalten die Heiterkeit seiner Seele. — So ist der Stand der Menschen. — Er ist glücklicher, ruhiger, als ich. Ja! ich schätze diese Mütze

Mütze weit höher, als die leichten Köpfe, die das ganze Leere des Müßigganges durchlaufen. Jeder sagt: nichts ist besser, als eine Handthierung, und doch rennt jeder nach den ungewissesten Bedienungen. Daher entspringen Unglücke, Fehler und Laster. Drum wird auch der ehrliche Mann von Tag zu Tag seltener. Bey Abgang der Arbeit legt man sich auf Betrug; einer wird ein kühner Schalk, der andre ein spitzfindiger Quintenmacher. An einem Tage bin ich zweymal betrogen worden: auch ist mein Herz, ihr seht es, von Traurigkeit und Schmerz durchbohrt.

Dominik S. (heimlich.) Hätten sie sonst noch etwas gehört? Ich will mit ihnen in ihr Zimmer gehen: mein Vater hat nichts so dringendes mit ihnen zu reden, und wir haben zu thun.

Delomer. Ich darf kein Mißtrauen auf seinen Vater haben. — Hat er ihm noch nicht gesagt, daß —

Dominik S. Ich? ich sollte ihre Geheimnisse ohne ihre Erlaubniß bekannt machen?

Delomer. Ich schätze ihn deswegen um so mehr; indessen hätte er ihm alles sagen können, ich würde mich darüber nicht erzürnt haben; — er soll auch den neuen Streich erfahren, der mich so eben traf; er ist mir nicht weniger grausam, als der erste. (erhebt seine Stimme) Ah! heute Vormittag habe ich euch die Heyrath meiner Tochter mit Herrn Jüllefort eröffnet: diese Versorgung

gung lag mir auf dem Herzen: dieser Mensch also, den ich von der Person meiner Tochter wahrhaft eingenommen zu seyn, den ich diese Verbindung aufrichtig zu wünschen glaubte, dieser Mensch ist ein eigennütziger, ein niederträchtiger, eine gemeine Seele, deren es so viele giebt. (zu Dominik, Sohn) Dominik! er verläßt uns; mit einer beleidigenden Kälte gieng er weg, und eben erhalte ich einen Brief, worinn er mir Vorwürfe macht. — Ah! dieser Zug hat mir das Herz zerrissen.

Dominik V. (lachend.) Sie werden über das Heyrathsgut nicht einig geworden seyn. — O! das errathe ich. — Wahrhaftig, solche Heyrather sind nach der Mode. Sie handeln ganz unbarmherzig um die Tochter mit ihrem eigenen Vater. Sie haben wohl gethan, daß sie standhaft blieben. Glauben sie mir, sie verliehren nichts dabey; denn dergleichen Leute sind allezeit schlechte Ehemänner. Ich wüßte ihnen einen, welcher gewiß mehr werth ist, als der Herr Jüllefort. (zu seinem Sohn) Mach du Gesichter, wie du willst — es muß doch heraus.

Dominik S. (geht ungestüm ab.) Ists möglich! — Leben sie wohl, mein Vater!

## Vierter Auftritt.
Dominik, Vater. Herr Delomer.

Dominik V. ( dem Herrn Delomer ins Ohr.) Ja, ich bins, der ihnen für die Mamsell eine Par‐

Parthie anträgt; verstehen sie mich? — Das gute Kind ist so liebenswerth, so gut!

Delomer (sieht den Dominik, Vater bedeutend an.) Ihr? guter Alter! Das ist was neues. Wer kann euch diesen Auftrag gegeben haben?

Dominik V. Ich rede im Namen eines jungen Menschen, dessen Familie und Sitten ihnen sehr wohl bekannt sind.

Delomer. Gut!

Dominik V. Und der junge Mensch, wie er die Mamsell liebt; er liebt sie recht aufrichtig. Der Grund dieser Liebe ist die Hochachtung, sie macht ihn furchtsam und stumm: ich rede hier für ihn. Er würde sie nehmen, sie möchte reich oder arm seyn, da bin ich gut für: nu! ist das nicht recht zärtlich?

Delomer. Nur weiter! Wer ist er, dieser junge Mensch?

Dominik V. (mit Entschlossenheit.) Mein Sohn.

Delomer. Euer Sohn?

Dominik V. (keck.) Ja Herr! mein Sohn.

Delomer. Wahrhaftig, das habe ich nicht erwartet. — Wie! er, dem ich mein ganzes Herz eröffne, sollte heimliche Anschläge gefaßt haben! er soll euch aufgetragen haben! —

Dominik V. Er hat mir nichts aufgetragen. Ich will es so haben. — Haben sie gesehen, wie er sich weg machte, als er sah, daß ich mit ihnen davon

davon reden wollte? Anstatt, daß er sich die geringste Hoffnung gemacht hätte, zehrt er aus heimlichem Kummer ab, und will bald reisen, bald bleiben. Tag und Nacht leidet der arme Junge ganz außerordentlich; und heute erst habe ich die Ursache davon erfahren, denn sonst wäre ich eher zu ihnen gekommen. Sehen sie, wenn ich diesen Vormittag ihm nicht recht auf die Haut gegangen wäre, so hätte er sich zu Tode gegrämt, ohne daß wir gewußt hätten, warum.

Delomer. Ihr setzt mich in Verwunderung; das hätte ich nie vermuthet.

Dominik V. Ich habe so bey mir selber gedacht: weil er sie so sehr liebt, wird er sie auch gewiß glücklich machen, und selbst glücklich werden. Sie kennen sein Herz, seinen Verstand, seine Talente; er treibt das nämliche Gewerb, wie sie; er verdient geschätzt zu werden, und sie schätzen ihn auch; warum soll er nicht den Vorzug haben?

Delomer. Mein guter Alter! bedenkt ihr auch? — Doch ich vergebe es euch. — Ihr seyd Vater — aber —

Dominik V. Herr Delomer! Unsre Familie hat nicht den mindesten Schandflecken; wir dürfen uns alle in die Augen sehen lassen. Sie hätten Unrecht, sich über mein Begehren zu ärgern; auch unter dieser rauhen Kleidung weis ich doch, was die Welt ist; es giebt Vorurtheile, die man leicht aufopfert, wenn man nur ein wenig der

Ver-

Vernunft nachgehet. Ich habe Große, ich habe Niedre gesehen; aber wahrhaftig; alles wohl betrachtet, so ist alles gleich. Was auch den Unterschied macht, ist so klein, daß es nicht verdient in Anschlag gebracht zu werden: mein Sohn versteht was, er sieht gut aus, er ist ehrlich, er hat gute Sitten, er liebt Ordnung und Arbeit, und wer weis, wie weit es der Junge noch bringen wird. — Das ist ein Senfkörnchen, welches sehr hoch aufwachsen kann.

Delomer. Ihr habt recht, und ich dachte nicht daran, daß ich seit dem heutigen Tag keinen so großen Unterschied zwischen ihm und mir mehr machen sollte. (seufzend) O! welcher Tag, welcher Tag! — Saget mir doch aufrichtig: geschieht dieser Antrag mit eures Sohnes Wille? Ihr seyd nicht gemacht, euch bis zur Lüge herabzulassen.

Dominik V. Und wenn es auf sein Leben ankäme, würde ich nicht lügen: wie! sie kennen mich nicht, mich, den alten Dominik? Mein Sohn verlangte nicht, daß ich diesen Schritt thun solle. Er — verspricht sich gar nichts davon; ich aber glaube sicher, es wird gehen.

Delomer. Ihr könntet euch doch irren.

Dominik V. (mit einer gewissen Ueberzeugung.) Nein, Herr, ich irre mich nicht.

Delomer. Ihr seyd ein sonderbarer Mann!

Dominik V. Aber ein aufrichtiger Mann. Keine Umschweife mit mir! oder glauben sie vielleicht,

leicht, das wären nur so Zärtlichkeiten nach einem Heyrathsgut, wie Herr Jüllefort hatte?

Delomer. Nennet mir den Namen dieses Menschen nicht, er bringt mein Blut in Wallung.

Dominik V. Ich sage das nur, um ihnen zu verstehen zu geben, daß, wenn ich an meinem Sohn nur den geringsten Gedanken des Eigennutzes bemerket hätte, ich mich nichts darum annehmen würde. Ich steige in sein Herz, und fand es mit eben dem Feuer angefüllt, das sie und ich in seinem Alter fühlten. Ich erinnere mich meiner Jugend noch gar gut. — Sein Gegenstand ist dessen würdig, und das freut mich unaussprechlich. Sagen sie nur zwey Worte, und sie machen zwey Personen glücklich, o! was sage ich, unserer viere.

Delomer. Ihr glaubet also, meine Tochter würde gerne einwilligen? Hat er euch das zu verstehen gegeben? redet, ich muß alles wissen.

Dominik V. Unter uns gesagt, glaube ich, daß mein Sohn, der jung, liebenswürdig, höflich, ganz gut gewachsen ist, ihr besser gefallen muß, als da der Herr Jülle — ah! verzeihen sie, ich habe ihn nicht genennt!

Delomer. Noch eins: — Schien euch euer Sohn itzt eben noch so sehr ihre Hand zu verlangen, als heute Vormittag, da er sich zum erstenmal entdeckte?

Dominik V. Glauben sie denn, mein Sohn sey im Stande, von des Morgens bis zum Abend, — Ich will ihnen wohl sagen —

Delomer. In gewissen Umständen macht eine Stunde oft große Veränderungen. — Ich habe es erfahren.

Dominik V. Ich wollte, sie hätten ihn einen Augenblick, bevor sie kamen, gehört: der kleinste Ausdruck, wenn er von ihr redete, würde sie gerührt haben, und sie hätten selbst daraus mehr erfahren, als aus allem dem, was ich sagen könnte.

Delomer. Das thut mir sehr leid.

Dominik V. Sehr leid?

Delomer. Ich kann ihm meine Einwilligung nicht geben.

Dominik V. (trotzig.) Und warum nicht, wenn ich fragen darf? Was ist die Ursache? — zu allem ist doch eine Ursache.

Delomer. Ich will sie euch sagen. Glaubet nicht, daß ein falscher Begriff von einer Mißheyrath mich beherrsche: seine Verdienste heben allen Unterschied auf: es ist wahr, euer Antrag beleidigte mich anfänglich; ich hatte diese Schwachheit: und diese ist eine der größten; denn, wenn ich alles wohl überlege, kann ich in euch nichts anders, als meines gleichen sehen. Euer Stand unterscheidet sich nur durch mindere äußerliche Pracht von dem meinigen: im Grunde, und von

der

der wesentlichen Seite betrachtet, kömmt alles auf eines heraus. Man verkauft, um zu gewinnen.

Dominik V. Man verkauft, um zu gewinnen; das ist recht gut gesagt.

Delomer. Euer Sohn ist ein junger Mensch, der nach einigen Jahren eine sehr gute Parthie finden kann, wenn er sich nur ein wenig in der Welt bekannt macht; ich will ihn überall aufs beste empfehlen.

Dominik V. Hören sie, empfehlen sie ihn nur bey ihrer Tochter: das ist alles, was wir von ihnen verlangen.

Delomer. Meine Tochter wird sich nicht mehr verheyrathen, morgen soll sie ins Kloster; nur die Zukunft wird entscheiden, ob sie wieder heraus soll.

Dominik V. Sie wollten so grausam seyn, sie hinter ein Gitter zu sperren, wenn man ihnen sagt, daß sie einen Geliebten hat! — Wissen sie wohl, daß ich der bin, der sie deswegen brav ausschelten könnte? Sind sie nicht Vater von ihr, wie ich es von meinem Sohne bin? und das Herz, das Herz da, das uns für ein Kind schlägt, fühlen sie nicht, daß es für ihr Glück pocht? — Ein so liebenswürdiges Mädchen ins Kloster stecken, in ihrem Alter! — Herr! was denken sie?

Delomer. Ihr wisset meine Ursachen nicht: die Noth legt dem besten Willen Zwang an.

Weil

Weil ich es denn doch sagen muß, so wisset, daß ich nicht reich genug bin, meine Tochter zu versorgen, ich kann ihr nichts geben, nichts; dieß ist die reineste Wahrheit, und dieß ist die wahre Ursache der zurückgegangenen Heyrath, wovon ich eben gesprochen habe. Ihr verwundert euch, ihr machet große Augen; aber es ist nun nicht anders.

Dominik V. (mit innigster Freude.) Sie können ihr nichts geben! gut, gut — desto besser! desto besser!

Delomer. Ein Bankrott bringt mich nach zwanzigjähriger Arbeit wieder dahin, wo ich anfieng.

Dominik V. Gut, gut!

Delomer. Ich würde sie einem Menschen, der reich genug wäre einen Handel anzufangen, nicht abschlagen; aber da ich euren Sohn, der nichts hat, auf keine Weise unterstützen kann, sehet ihr selbst wohl ein, daß es unnütz ist, daran zu gedenken. Ich werde es nicht zugeben, daß er sie heyrathe, um elend zu leben — nein, niemals. — Es giebt ohnedem Bitterkeit genug im Ehestande; vollends beym Mangel vergeht die Liebe, und macht der Uneinigkeit Platz.

Dominik V. Das heißt also so viel, wenn mein Sohn reich wäre — und wie reich soll er denn seyn, lassen sie einmal hören?

Delomer. O! wenn er nur zum Anfange zehn tausend Thaler hätte — Er lacht darüber?

Dominik V. Ja! ich muß lachen; zehn tausend Thaler! nur weiter, nur weiter!

Delomer. Ich würde ihn dem reichesten Handelsmanne in Paris vorziehen; denn, ich verhehl' es euch nicht, er ist mir in allen Rücksichten lieb; und wenn ich wieder im Stande wäre — Aber der Handel, mein lieber Alter! gleicht dem Meere, das bald stille, und plötzlich stürmisch ist. Eben der Wind, der erst eurem Schiffe günstig ist, verschlingt es. Unter einem Himmel, der heiter schien, hab ich Schiffbruch gelitten. Ihr müsset eurem Sohne zureden; er hat einen richtigen Verstand, er wird es selbst einsehen, wie sehr das Schicksal seinen Wünschen entgegen ist.

Dominik V. Geben sie mir ihr Wort, daß, wenn sonst kein Anstand ist, mein Sohn ihre Tochter haben soll?

Delomer. O! von Herzen — Könnte er all das Glück erlangen, das ich ihm wünsche! aber ich muß euch sagen, daß dieses für einen ehrlichen Mann schwerer, als jemals ist.

Dominik V. (sieht sein Fäßchen an.) Komm her, mein Fäßchen, komm her, rede du für mich! — Elendes Geld! dir also, und nicht den persönlichen Verdiensten meines Sohnes, muß ich sein Glück verdanken! — Ich that wohl daran,

darauf

darauf zu denken. (nimmt Herrn Delomer bey der Hand) Eingeschlagen! die Sache ist richtig.

Delomer. Ihr verliehret den Verstand!

Dominik V. Sehen sie nur, was auf meinem Karn liegt.

Delomer. Nun! was soll ich da sehen?

Dominik V. (nimmt ihn bey der Hand, und führt ihn zum Fäßchen.) Hören sie mich an! Darinnen sind drey tausend sieben hundert und acht und siebenzig Louis'dor in Rollen, gut gezählt, und zehn Säcke mit zwölf tausend Livres, nicht mehr und nicht weniger: wollen sie es sehen? Es gehört alles mir.

Delomer. Was für Reden! Ihr betäubet mich.

Dominik V. Es ist nicht anders. Man muß sehen, wenn man zweifelt. (er ziehet einen kleinen Hammer aus der Tasche, und öffnet das Fäßchen: er klingelt mit einigen Säcken, und öffnet eine Rolle.) Hier! sehen sie, greifen sie!

Delomer (schreyend.) Ist es möglich? Es ist wirklich Gold?

Dominik V. Das ist meine Brieftasche, das; sie ist sicher, diese — kein falsches Geld — alles wohlklingend, baar.

Delomer. Ich weis in der That nicht, was ich sagen soll: Wie! das gehört euch? aber woher habt ihr das alles?

Domi-

Dominik V. Daher, daß ich alle Tage früh aufgestanden. — Itzt sind es 45 Jahre, daß ich daher gehe, so wie sie mich da sehen, und seit 45 Jahren hat nach und nach jeder Tag einen kleinen Theil zu diesem Haufen gebracht. Während dem, daß sie und ihres gleichen jeden Tag brav aufgehen ließen, sammelte ich jeden Tag, und war sparsam. Seitdem ich mich kenne, unterhielt ich mich mit der Grille, einen großen Haufen Geld zusammzubringen, nicht aus Geiz; sondern in meinem Alter mich, und die, welche nach mir kommen würden, in gute Umstände zu setzen. Deswegen war ich doch kein Knicker: ich war mäßig und arbeitsam, da haben sie mein ganzes Geheimniß. Ich kann es selbst nicht sagen, wie sich dieser Haufen gesammelt; aber da ich immer meinen Gedanken nachgieng, hatte ich allerley kleine Vortheile, die meinen kleinen Schatz vermehrten. Nie hat die Liebe zu größerem Gewinnst mich verleitet, das zu wagen, was mir das Glück einmal beschehrt hatte. Was ich hatte, hielt ich fest; und so konnte mirs der Teufel nicht mehr wegnehmen. Wahr ist es, in der Folge hat der Ehrgeiz, meinen Sohn gut zu erziehen, mich angefrischt. So wie er heranwuchs, that die väterliche Liebe Wunder, oder besser zu sagen, Gott segnete mein Vorhaben: denn ohne dieses Geld, welches ich erst itzt zu lieben Ursach habe, wäre mein Sohn, mein lieber Sohn unglücklich geworden.

Delo-

Delomer. Ich kann mich nicht erhohlen. Euer Vorhaben also, da ihr mir dieses Geld bringet, ist? —

Dominik V. Seine Versorgung zwischen ihnen dreyen richtig zu machen. — Es ist itzt meine Sache nicht mehr; alles gehört ihnen, theilen sie es unter sich. — Ich habe in der Vorstadt St. Victor ein Stückchen Land von drey Morgen, und ein kleines Häuschen: das ist alles, was ich zu meiner Erhaltung und zu meinem Vergnügen brauche, mehr verlange ich nicht.

Delomer. Wie! Ihr überließet —

Dominik V. Lassen sie sie kommen, sag ich ihnen: dieß ist die größte Freude meines Lebens. Morgen könnte ich sterben, und diese süße Freude nicht mehr genießen. (mit Empfindung) Mein Sohn! Der Genuß deiner Erbschaft wird durch die Trauer über mich nicht verbittert werden.

Delomer. Ich bin außer mir. — Erstaunen — Bewunderung — Ich kann nicht reden; die Freude — Ich will sie gleich kommen lassen.

## Fünfter Auftritt.

Dominik, Vater, (auf sein Fäßchen gelehnt, legt die Rollen und Säcke wieder hinein.)

Schädliches Metall! Du hast Uebels genug in der Welt gestift, thue auch einmal etwas Gutes.

tes. Ich versperrte dich bis zur Zeit, wo du etwas großes thun könntest: itzt ist sie da die gewünschte Zeit; geh heraus, thue deine Wirkung! gründe die Ruhe und Sicherheit eines Hauses, wo Liebe und Tugend wohnen werden. Ich werde mich zuweilen über den guten Gebrauch ergötzen, den man von dir machen wird: der Vater, die Tochter, mein Sohn — o! sie sind alle rechtschaffene Leute.

## Sechster Auftritt.

**Dominik, Vater. Herr Delomer.**

Delomer (kömmt freudig gelaufen.) Sie werden gleich kommen; wie werden sie sich verwundern und freuen. — Aber saget mir doch, wie war es möglich, heimlich eine so große Summe Geld zu sammeln, ohne daß ihr Lust bekamet, solche zu eurem besten zu verwenden?

Dominik V. Ich war mit dem guten Gedanken vergnügt, daß ich für meinen Sohn sammelte: merken sie wohl; es ist kein Heller dabey, der nicht nach den strengsten Gesetzen der ächten Redlichkeit gewonnen wäre. Alles ist mein, ehrlich und mit Recht mein. — Sie werden es sehen, das Geld wird Nutzen bringen.

Delomer. Wenn aber dieser so liebe Sohn gestorben wäre, ihr hattet niemanden sonst, als ihn!

ihn! Welcher Schmerz alsdann! In wessen Hände wäre dieses Geld gekommen? All euer Erspartes wäre unnütz und verlohren gewesen.

Dominik V. Ey! daran hab ich auch schon gedacht.

Delomer. Was hättet ihr denn gethan?

Dominik V. Als ich in meinem Alter von zwanzig Jahren zu mir sagte: du mußt für dich und die Deinigen etwas zusammen halten, um die Bedürfnisse des Lebens zu bestreiten, weil in dieser Betrachtung das Geld eben so nothwendig ist, als ein Rad an meinem Schubkarn: da dachte ich nicht an mein Kind, denn ich war noch nicht verheyrathet; aber seitdem hatte ich einen Anschlag im Kopfe.

Delomer. Und was war das für ein Anschlag?

Dominik V. Jeder, er sey in was immer für einem Stande, kann etwas großes thun, man muß nur wollen. Einer setzt seinen Ruhm darein, daß er bauet; der andre, daß er eine vornehme Bedienung erhält; dieser, daß er seinen Reichthum aufs Meer schicket: aber alles das ist Hirngespinst, nichts kömmt dem Vergnügen bey, das ich ausgedacht hatte. Das war eine Handlung, woran mir der bloße Gedanke schon gefiel, und mich noch erfreut, wenn ich nur daran denke. Es war so: setzen wir den Fall, daß ich kein Kind, und folglich keinen Erben hätte; ich habe da eine schöne Summe, woran keine Seele
etwas

etwas zu fodern hat: kein Mensch rechnet nach meinem Tode darauf; man weis ganz und gar nicht, was ich habe. Ich höre überall all die Histörchen an, die man erzehlt; ich erkundige mich; ich höre heimlich, daß ein ehrlicher Mann, das Haupt einer Familie, in Unglück gerathen, entweder durch einen plötzlichen Zufall, oder durch grausame Verfolgung. Er stehet auf dem Sprunge, seinen Kredit oder seine Freyheit zu verliehren. Niemand ist reich genug, oder hat den guten Willen, ihm so geschwind beyzuspringen, als der Fall es fodert; er wird zu Grunde gehen, er ist ohne Rettung verlohren — Was thu ich! Ich komme an einem frühen Morgen an sein Haus, ich klopfe an, ich verlange mit ihm heimlich zu sprechen; man führt mich zu ihm: ich gehe hinein, gekleidet, wie ich da bin, da, mit meinem Fäßchen und meiner Schürze: nun sieht er mich freylich mit Verwunderung an. — Ich sage ihm ganz sachte ins Ohr, mit dem Finger auf dieß Fäßchen zeigend: ehrlicher, unglücklicher Mann, hier, das ist euer, nehmet es, sagt keinem Menschen ein Wort davon. — Alle Sonntage komme ich Mittags zu euch, und esse eure Suppe mit euch, lebt wohl! und so geh ich fort.

Delomer (wirft sich freudig um seinen Hals.) Mein bester Freund! laßt euch in meine Armen schließen.

## Siebenter Auftritt.

Herr Delomer. Dominik, Vater. Mamsell Delomer. Dominik, Sohn.

M. Delomer (zu Dominik, Sohn.) Unsre Väter umarmen sich!

Dominik S. Sollte ich wohl so glücklich seyn. — Ich zittre, mich zu nähern.

M. Delomer. Ich fürchte mich noch mehr, als sie.

Delomer. Komm her, meine Tochter!

Dominik V. Dominik, geh herbey!

Dominik S. (zu Herrn Delomer.) Verschonen sie mich, mein Herr! der Zustand, worinn sie mich sehen, geht über meine Kräfte. Da sie alles wissen, so sprechen sie das Urtheil über mein Leben.

Delomer. Und du, meine Tochter, was sagst du?

M. Delomer (furchtsam.) Ich erwarte ihre Befehle, und werde mir eine Pflicht daraus machen, sie zu erfüllen.

Delomer. Es kömmt mir vor, ihr verstehet einander recht gut, und daß es unnöthig ist, weitläuftig zu erklären, was zwischen euch zweyen vorgehet.

Dominik V. Sie wird roth, ihr Herz redet. Das schöne Kind! sie entzückt mich!

M. De-

M. Delomer (wird unruhig, und will fortgehen.)

Delomer. Bleib, meine Tochter! bleib! Ich kenne deine Neigung, ich billige sie; es kömmt nur auf dich an, ihm deine Hand zu geben; du hast meine Einwilligung.

Dominik V. (zu seinem Sohn.) Hörst du's? wirst du mir ein andermal glauben? Wenn ich dir sagte, geh, geh, die Väter wissen allezeit mehr, als die Kinder.

Dominik S. (zu Herrn Delomer, da er die Mamsell Delomer bey der Hand nimmt.) Ach! ich fürchte, daß ich mich betrüge. — Sie geben sie mir — sagen sie es, wiederholen sie es; doch nein; es ist genug, sie haben mir sie versprochen. — Ueberraschung und Freude machen mich stumm.

Delomer. Aufrichtig, meine Tochter! nimmst du ihn gerne zum Manne?

M. Delomer. Er war es, den ich liebte, ich mache mir ein Vergnügen daraus, es zu gestehen. Es ist nicht der Reichthum, der glücklich macht; wenn man sich liebt, ist man leicht mit wenigem zufrieden.

Dominik V. Das nenn ich reden! (zu M. Delomer) Sie haben also keinen Eckel vor mir, Mamsell? Sie wollen also einen Schwiegervater von dem Schnitte, wie ich bin, lieben?

M. Delomer. Ich habe bey Zeiten gelernt die Redlichkeit zu lieben, sie erscheine in was immer für einem Kleide; und sie haben sich in allem

lem als einen so würdigen Mann, und als einen so guten Vater gezeigt, daß es schwer seyn würde, sie nicht zu lieben.

Dominik V. (nimmt sie bey der Hand, und führt sie zum Schubkarn.) Kennet den Vater Essighänd: ler: hier sehet seinen Schatz, er ist euer: das ist die heimliche Ersparung, zu der das Glück ihm von seinen jungen Jahren her verhalf. Wenn er mehr hätte, er gäb es euch.
(er zeigt ihr das Gold und Silber.)

Dominik S. Wie? mein Vater, das gehört ihnen?

Dominik V. Ja, mein Freund! mir. Deine Verwundrung, deine großen starren Augen, deine Verwirrung machen mir in diesem Augenblicke mehr Freude, als alle Schätze von Peru den Potentaten dieser Welt je gemacht haben.

Delomer. Es sind gegen hundert tausend Livres.

Dominik V. Wie ich gesagt habe, nicht mehr und nicht weniger.

Dominik S. (zu Herrn Delomer.) Itzt mein Herr! itzt wollen wir alles wieder in Ordnung bringen. (lebhaft) Nicht wahr? mein Vater! — Man muß keine Zeit verliehren — diese Summe —

Delomer. Soll ich dieß zugeben? nein, nein!

Dominik V. (zu seinem Sohn.) Ich erwartete diese Empfindung von deinem Herzen; du hast

mich

mich nicht betrogen. Ja! man muß dieses unglückliche Falliment wieder gutmachen. Wie könnte man diese Summe besser anwenden? Meine Kinder! säet dieses Geld aus, säet es ohne Furcht, die Aernte davon wird vom Himmel gesegnet werden.

M. Delomer (fällt ihm um den Hals.) Ich muß sie als einen Vater umarmen.

Delomer. Recht so, meine Tochter! Verehre allzeit in ihm diese Größe der Seele und diese Güte, die weit über mich erhaben sind.

(sie umarmen sich nacheinander.)

Dominik S. (zu seinem Vater.) Mein Vater! Sie hatten so viel Geld, und schleppten sich mit dem Schubkarn, und hielten es vor mir geheim?

Dominik V. Eben dieser Heimlichkeit haben wir unser ganzes Glück zu danken. Ein einziger Vertrauter hätte alles verderben können; er hätte mich vieleicht von meiner Lebensart abwendig gemacht. Man läßt sich endlich verführen, und von einer Phantasie zur andern wär all dieses Geld so ausgeflogen, daß ich, ohne deswegen weder fetter, noch vergnügter geworden zu seyn, das Ziel nicht erreicht hätte, an dem ich ißt bin — Wegen des Vertrauens, das ich dir hätte machen können, wäre es noch eine andre Frage — Glücklich der Mensch, der ohne andere Aussicht von Hülfe, als von sich selbst, erzogen wird! er wird dabey viel besser; und alle die Taugenichte, alle diese vornehmen Kinder, welche

fette

fette Suppen essen, haben nichts als Eigendünkel, und nähren sich übel von dem Vermögen ihrer Aeltern, an denen sie meistens nur die Erbschaft lieben: die Aussicht eines gewissen Vermögens macht sie faul, träge, und folglich ausschweifend. Ein junger Mensch muß frühzeitig die Sorge für seine Bedürfnisse, und die Nothwendigkeit der Arbeit fühlen, sonst weis er selten etwas nützliches zu machen. Wenn das Unglück gewollt hätte, daß du ein Taugenichts geworden wärest, wie ich ihrer so viele kenne, o! ich läugne dirs nicht, alles dieses hätte ich einem andern gegeben, damit es gut verwendet würde.

Dominik S. Sie würden wohl gethan haben, mein Vater! — Aber wie gelegen diese Frucht ihrer Arbeit kömmt! sie könnte mir nicht kostbarer, als in diesem Augenblicke seyn, (sieht Mamsell Delomer an) wo sich alles vereiniget, mein Glück vollkommen zu machen.

Dominik V. (sich an dem Vergnügen, beyde anzusehen, ersättigend.) Die lieben Kinder! ich werde mein Leben mit ihnen zubringen. (zu Herrn Delomer) Halten sie sich nicht darüber auf: sie sind der Mann, zu dem ich alle Sonntage kommen werde, mit ihm zu essen: sie mir gegen über, und meine zwey Kinder zu beyden Seiten, so, daß ich, wenn ich den Stuhl ein wenig rücke, euch alle drey da recht nach meiner Bequemlichkeit sehe. Aber machen wir ja nicht viel Lärmens, von allem diesem muß nicht das geringste aus-

auskommen. (zu seinem Sohn) Geh! Dominik, fahre deines Vaters Schubkarn! laß einmal se=hen! du mußt alles in die Kassa ausleeren. Meine Schwiegertochter wird dafür sorgen, daß die Bediente auf der Seite gehalten werden, wenn sie befiehlt, das Nachtessen aufzutragen: es ist doch Zeit dazu, glaub ich. (er sieht nach ei=ner großen plumpen Uhr, die er aus seinem Schiebsacke zieht.)

Delomer. Noch diesen Abend wollen wir den Kontrakt machen; wollen sie meinen Notar, oder ihren?

Dominik V. Einen Notar! Ich! wozu? Wenn Treu und Glauben nicht im Versprechen sind, so werden sie auch nicht aufs Papier zu bringen seyn — machet es, wie's die Mode will, weil man bey jedem Bettel ein Paar solcher Her=ren haben muß. (er sieht, daß Mamsell Delomer sei=nem Sohn hilft) Ey! sehet, sehet doch, wie schön die da zusammen gespannt sind! (er lacht) Nur zu, nur zu! ich laß euch machen, ich habe da nichts mehr dabey zu thun: lustig! wir wollen sehen, ob ihr den Karn fortbringt. (da der Schub=karn nicht recht gehen will, legt Herr Delomer auch Hand daran) Auch sie? sie ziehen an meinem Fäßchen? Das ist gut, das ist gut. (er lacht) O! die Unge=schickten! — Wie denn! — nu, nu! (zu seinem Sohn) Du beklagst dich doch nicht mehr über meinen Schubkarn?

Domi=

Dominik S. O nein! mein Vater! nein — Ich wußte nicht, was für Essig drinnen war.

Dominik V. Bey meiner Seele! er ist vom besten, den ich geben kann — der bringt einen recht wieder zu sich, nicht wahr? und man kann ihn in alle Brühen thun. (der Schubkarn geht weg: Dominik, V. hält Herrn Delomer auf) Ihre Bedienten! — Die Narren werden sich darüber verwundern, wenn sie mich bey Tische sehen mit meiner Mütze! ich thue sie meiner Seele nicht herunter — Sie werden grosse Augen machen — desto besser, das wird lustig seyn — Sie wollten es nicht leiden, daß ich meinen Schubkarn daher setzte; that ich nicht wohl, daß ich ohne ihre Erlaubniß herein kam? O! ich werde noch lange darüber lachen!

Delomer. Kommt, mein Freund! kommt, dieses Haus wird künftig mehr euch, als mir zugehören.

# Ende des Lustspiels.

PT
1799
A1S3

Der Schubkarrn des
Essighändlers
    Der Schubkarrn des
Essighändlers

UTL AT DOWNSVIEW
D RANGE BAY SHLF POS ITEM C
39 11  04   03   13  009  1